道を拓き、橋をかけ、地獄の十二門が姿をあらわすと、十王祭が山場を迎える。

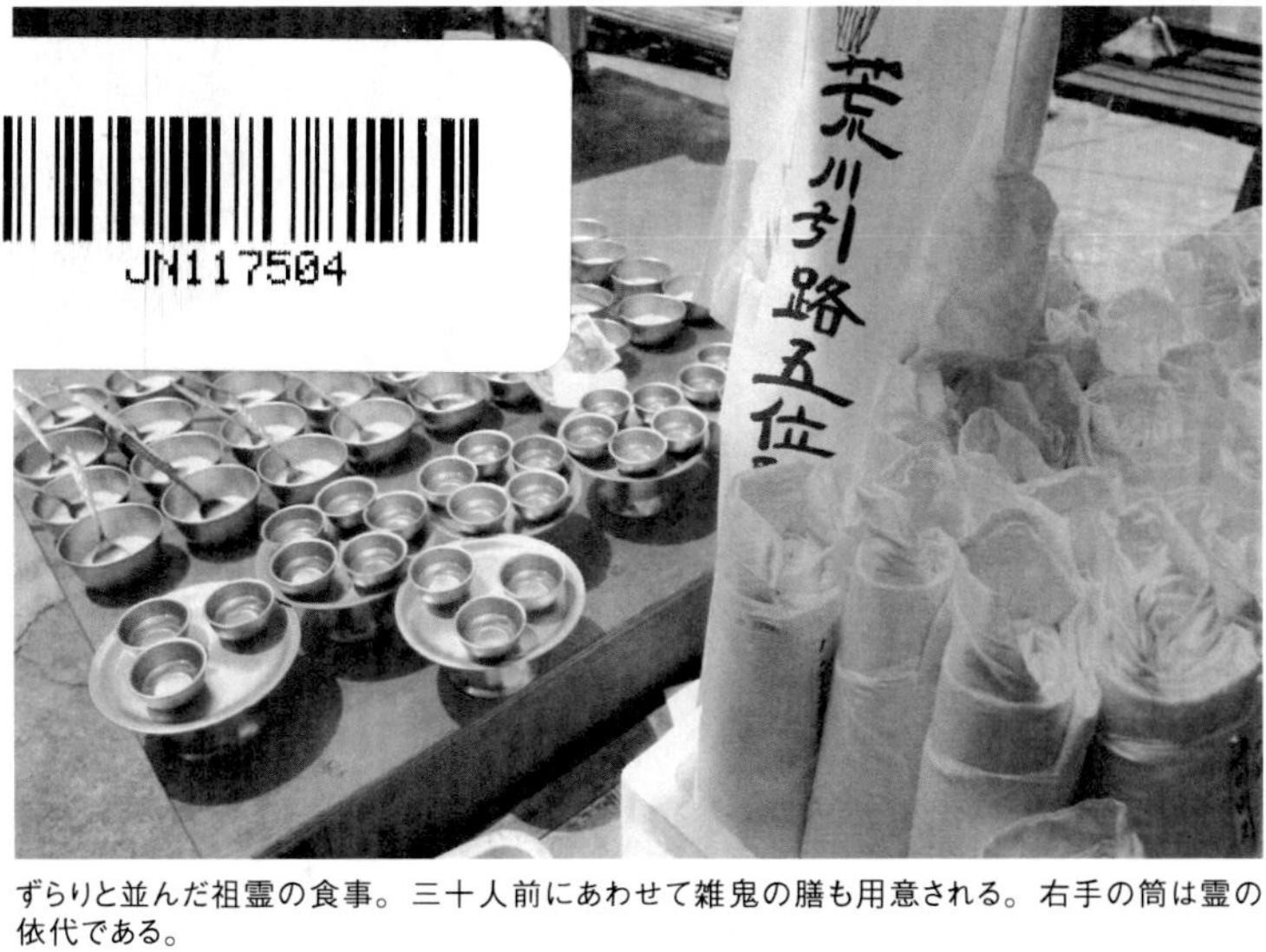

ずらりと並んだ祖霊の食事。三十人前にあわせて雑鬼の膳も用意される。右手の筒は霊の依代である。

冥界の使者の旗をかかげ、祖霊に呼びかける。

祖霊があの世の門番に払う紙銭と現金が、地獄の門にかけられる。

本堂を彩る仏たち。中央に阿弥陀三尊、左奥に不動明王、右端に地蔵菩薩。奥に山神、星神がひかえる。

鬼神・トッケビ・妖怪変化
韓国民話の不思議な世界

崔仁鶴／樋口淳　編著
鄭裕江　翻訳

目次

Ⅳ 狐・白狐・九尾の狐

はじめに

1　韓国民話の不思議な世界

一九八八年の秋、慶尚北道の安東《アンドン》に近い醴泉《イエチョン》郡の松潭《ソンタン》で調査をしていた時のことです。

当時の松潭は、行政的には醴泉郡開浦面佳谷一里に属する三十五戸ほどの小さな村で、風水に従って、谷の入り口に位置し、北と西側に山をひかえ、南に川をおいていました。私たちはそこで村の成り立ちや暮らし、家の神や祖先の祀り方、食生活や子どもの遊びなど、多くのことを学びましたが、その折に、村を紹介し一緒に調査してくれた南富鎮さんの親戚の南舜朝さん（一九一〇年生）が、トッケビ話をいくつも語ってくれました。

松潭には一九七四年までは電気がなく、時計も稀なくらいでしたが、電気がひかれると一挙に村人はラジオやテレビの前に集まるようになり、ハルモニやハラボジの話は、急速に忘れられていきました。闇につつまれた夜が、恐ろしい時間ではなくなり、昼と夜の境が消滅したのです。かつては、夜と昼が人々の意識のなかではっきりと区別されていて、日が落ちるとともに夜が訪れました。夜はオニの時間であり昔語りの時でもあったのです。夜を失って、トッケビや鬼神《キシン》は出現の機会を失ってしまいました。

そしてセマウル運動（新しい村運動）で道が整備され、車が自由に出入りするようになると、村の境界も消滅します。トッケビや盗賊の話の舞台であった村境の坂や辻もありきたりの場所になってしまいました。

たとえば村の入り口の蛇岩谷は、かつては盗賊の出る恐ろしい場所として恐れられていましたが、今では軍事施設ができ、そのライトが明るいので何が恐ろしいのかわかりません。山もすっかり削り取られて、木々のかわりに軍の詰所が立ち並び、歩哨《ほしょう》がじっと立っているのです。

残された松潭の藁葺の農家

かつて村を訪れ、話を運んでくれた竹細工やオンギ（陶器）の行商人も徒歩でやってくることはなく、トラックで商品を運び、用が済むとさっさと引き上げていきます。みな忙しく働いて、昔語りどころではなくなってしまったのです。

一九七〇年代に松潭で起きた変化は、多少時期はずれていても、韓国の多くの村で経験されたことです。

私たちはここで、つい五〇年ほど前の夜がオニの時間であった時代の「韓国民話の不思議な世界」の扉を開き、鬼神やトッケビの話をいくつか紹介してみたいと思います。

2　鬼神

韓国の昔語りで、なんといってもおそろしいのは鬼神です。

韓国の人たちが「鬼神」という時に一番最初に思い浮かべるのは、『三国遺事』（一二七〇～一二八〇）に記された新羅の真智王《しんちおう》（五四六～七六）の子・鼻荊郎のエピソードではないでしょうか。鼻荊郎は真智王が死後に霊となって現れて、美女・桃花との間にもうけた息子で、自由に鬼神を操り、一夜にして橋を架けるなどの不思議な能力を備えていました。

この話に登場する鬼神は、日本の陰陽師・安倍晴明が操った式神に似て、鼻荊郎のような主人に服従し、主人の命令がない限り私たちに危害を加えることはありません。このタイプの鬼神は怖くないのです。

ところが、時代が下り儒教の影響の強い朝鮮王朝になると、人に祟《たた》る恐ろしい鬼神が出現します。

その最初の記録は、おそらく十五世紀の文人・成俔《ソンヒョン》（一四三九～一五〇四）の野譚集『慵斎叢話』に収められた「疫病神のとりついた家」ではないでしょうか。そこでは、非業の死をとげたり、十分に祖先祭祀を受けられなかった死霊が鬼神となり家人に禍《わざわい》をなし、家を取り潰すのです。『慵斎叢話』の話のようなタイプの恐ろしい鬼神の出番は、時代が下って「族譜」という家系図が整備され、支配階級である両班たちの間で長男を中心とする男たちの祖先祭祀システムが整えば整うほど多くなります。

祖先祭祀のルールが整うと、男たちが担う男系の家督継承に関わることのできなかった女性や、一家をなすことのできなかった男性、非業の死をとげた死者などが、男系子孫による祖先祭祀を受けることができず、あの世とこの世の間を彷徨《さまよ》う鬼神になってしまうのです。

そして、祖先祭祀を受けられる資格は時とともに厳密になり、それにともなって祭祀から排除される鬼神が量産されます。

伝統的な祖先祭祀

例えば、祭祀をしてくれる後継者のいない「無主鬼」、結婚はしたけれど子どもを残すことができずに死んだ女性の「未命鬼」、何かの理由で結婚できずに死んだ娘の「ソンマルミョン（処女鬼神）」、結婚できなかった男性の「独身鬼」、幼児のうちに命を落としてしまった「太子鬼」などなど、その他にも水難や火災で死んだ「水鬼」「火鬼」、飢死した「餓鬼」、横死した「無祀鬼神」など族譜に加えられず、たとえ親族が祭祀をしたくてもできない死者が続出します。

祖先祭祀と族譜のルールが確立し、そのルールが支配階級である両班《ヤンバン》にとって不可欠のものになればなるほど、名門の家名を守るために、ルールは厳密化し、両班の体面を保つために多くの犠牲が払われます。

そしてさらに時代が下って、庶民が台頭し「誰もが両班になりたい、誰もが両班であると主張する時代」になると、さらにこの両班名家の排除の論理が徹底し、支配階級の間だけでなく、両班を目指す庶民の間にもこのルールが浸透してしまうのです。

成俔の『傭斎叢話』に見られるような両班たちの世間話（野譚）だけではなく、庶民の間で語られ、伝えられた昔語りの世界に無念のうちに命を落とした鬼神たちの話が多く見られるのは、こうした経緯によると考えられます。

3　トッケビ

韓国の語り手たちが、鬼神とトッケビを区別しないことがよくあります。語り手たちにとっては、夜は鬼神やトッケビが自由に活躍する時間だからです。

しかしよく話を聞いてみると、語り手たちのなかで鬼神とトッケビははっきり区別されていることが分かります。鬼神は、恨みを残して死に、あの世とこの世の境を彷徨う死霊であるのに対して、トッケビは妖怪で、特別な場合を除いて、特定の人に対して怨みを抱いて害を与えることはないのです。

トッケビは、トッカビ、トッチェビ、トッチャビなど、土地によって呼び名が変わり、文献資料では独脚鬼、魍魎《もうりょう》、虚主、虚體、螭魅などと表記されます。高麗末の政治家・思想家であり朝鮮王朝誕生の功臣であった鄭道傳《チョンドジョン》（一三四二～一三九八）は螭魅（トッケビ）について「陰鬱なところに棲み、木や土や石などが長い間、陰鬱な環境に集まり自然に生じる」とし、「人でも死霊でもないが、明らかに存在する」と述べています。また朝鮮王朝中期の儒学者・李瀷《イイク》（一六八一～一七六三）はその百科全書的な著書『星湖僿説』のなかで全国各地のトッケビ伝承を古典に登場する類似の怪物と比較しています。

　全羅南道では、令監などの敬称で呼びかけられることもあり、十五世紀の文献（「月印千江之曲」「月印釋譜」）などでは時に神の意味が内包されているようにも思われます。これはかつてトッケビが神性を供えた存在であったのに、時とともに神性が失われて現在のトッケビ（妖怪）になったことを示すものと考えられます。

あの世とこの世に橋をかけるムーダン

　トッケビの姿は千変万化で、神出鬼没、子ども、巨人、老人、独身男（チョンガー）、美女、処女などのさまざまな形で現れ、時には姿がまったく見えないこともあります。

　優れた韓国民俗研究者である依田千百子は「民話に出て来るトッケビは、歌や踊りが好きで大食漢で、意地悪でいたずら好きなくせに、みょうに義理堅く、ときには人に同情する優しい性格を持ち、嫉妬深いくせに、単純で忘れっぽい、というまったく相矛盾する両義的な性格に満ちている」と述べています。そしてまた、人間に福や禍を授けるのも大切な性格の一つで、如意棒（砧を打つ杵）を持ち、金銀財宝を意のままに出すことができるので、トッケビと仲よくなるとたちまち大金持ちになるが、仲違いすると一挙に没落すると指摘していします。

トッケビの正体は、日本の付喪神《つくもがみ》と同じく、人間が使い古して放置した箒や杵、火掻き棒、草鞋、釜などの古道具で、とくにそこに女性の生理の血がつくと変化すると言われます。そして時折、山の端や野原の向こうにチラチラと不思議な火が燃え上がることがあり、これを「トッケビ火」と呼びます。これは日本の狐火に似ていますが、韓国には、大晦日や正月三が日に山に登って海を見下ろし、トッケビ火を見て豊漁を予測したり、村を見下ろしてトッケビ火が東から西に行くと豊作、西から東に行くと飢饉が訪れるとするような民俗があります。

こうした民俗を見ると、そこにトッケビと鬼神を分かつもう一つの分岐点があることに気がつきます。

この世に恨みを残して命を落とし、あの世とこの世の境を彷徨う鬼神は、特定の個人や家族に禍をもたらし、それを狙って攻撃を加えるので、人々はその禍を取り除くために巫堂《ムーダン》（シャマン）に助けを求めます。巫堂はあの世とこの世の境を開き、神を呼び寄せ、神と恨みを抱く鬼神の双方を饗応し楽しませ、鬼神の恨みを解いてあの世に送り届け、禍《わざわい》を取り除きます。

これに対してトッケビは、特定の個人に崇ることはありません。トッケビは例えば海辺の村では豊漁をもたらす神となり、山方の村では富をもたらす福の神（神《シン》）となるので、村人たちや家族はこの神を祀るために巫堂の祭祀を行ったり、村や家に祠堂を設けたりするのです。

もちろんこの神（トッケビ）を裏切ると、手ひどい復讐を受けることもありますし、トッケビが火の神や疫病神である場合もあり、その場合は、火災や疫病を避けるために巫堂による祭祀を行うこともありますが、その祭祀は村や一族の災厄を取り除くためのものであり、特定の個人を対象としないのが一般です。

トッケビは神として村や家の祠堂（堂《タン》）に祀られ、定期的な祭祀を受けることがありますが、鬼神が神として祀られることはありません。

4　妖怪変化

韓国の昔語りの不思議な世界には、鬼神とトッケビのほかにも、多くの超自然的な動物たちが登場します。彼らは、やはり夜の闇や、人気のない山中や、大木の陰に潜み、恐ろしい力を発揮して、人間たちを脅かすのです。

こうした不思議な動物たちは、韓国だけにかぎらず、世界中の語りのなかに登場しますが、この民話集に収められた動物たちには韓国独自の恐ろしい特徴があります。まさに「妖怪変化」と呼ぶにふさわしい存在なのです。本書では、その恐ろしい妖怪変化のなかから蛇、ムカデ、カニ、ニワトリ、ネコ、ネズミ、そして虎にまつわる話を紹介してみたいと思います。

4―1　蛇・青大将（クロンギ）・龍・イムギ

蛇は、韓国だけではなく、世界中で不思議な力を持つとして恐れられ神格化され、さまざまな祭りや祭祀の対象となり、神話や伝説や昔話に数多く登場します。

日本でも、「蛇婿入り」のような異類婚姻譚が各地で語られ、大蛇や沼の主が人身御供を求める神が語り伝えられています。

韓国の蛇の昔語りで特徴的なのは、なんといってもクロンギ（朝鮮ナメラ）とイムギでしょう。

クロンギは、韓国に生息する最大級の蛇で、日本では「青大将」と訳されるのが一般ですが、「青大将聟（クロンドンドン・シンソンビ）」に代表される異類婚姻譚の主役です。時には美女に変化して若者を誘惑したり、口のなかに如意珠を秘めていたりします。

クロンギは、普段は山中や大木の上や藪の中に潜んでいますが、農家の石垣や堆肥の中に姿を現すこともよくあり、毒がないので、その姿の近づき難い姿をよそに、人間との交渉が多い生き物です。

これに対してイムギは人目を避け、人里はなれた山中の洞窟や沼や川に潜む大蛇で、千年の間人目を避けて雌伏すると龍となって天に昇る神のような存在です。しかし昔語りに登場するイムギは、うっかり人間にその姿を見られたために龍になることに失敗したり、口の中の如意珠を奪

とぐろを巻くクロンギ

われたりして力を失うことが少なくありません。

一方、韓国民話の龍は、玉皇大帝の怒りをかって天界を追われた龍女の場合が多く、沼や池に棲み、水を司り、農作業に欠かせない雨を降らせる力を保持しています。この龍女が人間と結ばれると、降雨をもたらす神通力を失い、農作業に支障をきたし、飢饉を呼び起こすことになります。

龍はまた、龍王として水底に棲み、海や河の魚たちを支配したり、船の航行を左右して、時には生贄を求めることもあります。昔語りやパンソリの語りを通じて韓国でもっともよく知られた物語の一つ「沈清伝」では、孝行娘の沈清《シムチョン》が盲目の父を助けるために身を売り、川の航行を妨げる龍への人身御供になって船団の航行を成功させます。

4-2　狐・白狐・九尾の狐

日本やヨーロッパの民話に登場する狐は、たしかに狡猾で、人間を騙して御馳走や魚を奪ったり、道に迷わせてあちこち連れまわしたりして、大変な悪戯《いたずら》好きで私たちを困らせますが、どこか抜けていて愛嬌があります。

これに対して韓国民話の狐は、とにかく怖いのが特徴です。

たとえば、日本の狐は木の葉を頭に乗せてくるりととんぼ返りをして旅人や美女に姿を変えますが、韓国の狐は行き倒れの野ざらしの骨を齧《かじ》って変身します。

狐のなかでも特に恐ろしいのは白狐と九尾の狐で、白狐は子どもが欲しい母親の胎内に入り込んで可愛い女の子として生まれ変わり、次々と人や家畜の命を奪います。

一度正体を暴かれて逃げ出した九尾の狐の恨みは深く、ついには中国の王妃に変身し、恨みを抱く男を呼び寄せて殺そうと図ります。

山中に潜んで美女に変身し、旅人を誑《たぶら》かして命を狙うことは勿論ですが、その魔力のスケールは壮大で、「金剛山の狐と栗谷《ユルゴク》」の場合のように龍宮の龍王の軍を打ち負かし、天の玉皇大帝とも一戦を交えるほどです。しかもその死後はその霊が主人公・栗谷の身体に宿り仇をなすほど恨みは深いのです。

もちろん、韓国の狐話のなかにも、農夫をさんざんにからかう「狐に騙された農夫」のような他愛ない笑い話や、狐と人間の間に生まれた子どもが不思議な能力を発揮する「姜邯賛《カンカムチャン》説話」のような、日本の「信太妻《しのだづま》」に似た異類婚姻譚も少なくありません。

4—3　ムカデ・黄ムカデ・ヒキガエル・カニ

ムカデは、日本の物語のなかでは室町時代の「俵藤太《たわらとうた》絵巻」に見られる弓の名人・俵藤太（藤原秀郷）の瀬田の唐橋の退治のほかにはあまり知られていませんが、韓国では多くの民話の中に登場して、不思議な力を発揮します。

千年生き延びて昇天することを願う大蛇イムギと同じく、ムカデが天に昇ることを待ちわびる話も多く、美女に変身して男を誘惑したり、逆に男に変身した黄ムカデが娘のもとに通ったりすることも珍しくありません。

韓国では、人蔘《にんじん》や葛根《かっこん》のような植物由来の漢方薬のほかに、ムカデや蛇のような虫や爬虫類に由来する民間の漢方への信頼が厚く、つい最近まで乾燥させたムカデを束にして、その場で粉末にして販売する露天商の姿が見られました。ムカデが妖怪として民話の世界で活躍する背景には、こうした暮らしの伝統が働いているに違いありません。

ヒキガエルに対する信仰も農村では生きていて、私たちが調査した松潭でも、家の庭に棲みついているヒキガエルが家から去ろうとすると、主婦が庭に出てそれを引き留めるための祈りをすると言われていました。ヒキガエルは、日本の家に住む蛇と同じように、家の富を守る神（業神《オップシン》）と考えられているのだと思います。

ムカデや蛇と同じく、年を経た大きなカニが人身御供を求める話も韓国各地で聞かれます。カニが変化して人に害をなす話は、日本でも住職に問答をしかけて殺す「カニ坊主」や、カニが坂に現れて人々を苦しる「カニ坂」などの話が伝えられています。

4–4 イヌ・ネコ・ニワトリ・ネズミ

韓国では、イヌ、ネコのような家畜、ニワトリのような家禽、ネズミのような家に棲みつく動物は、年を取ると人の言葉を理解し、家の事情や暮らし向きを知るようになり、動物の鬼神となって様々な姿をとると信じられていました。

特にニワトリは、時計が普及するまでは時を告げる大切な役割を担っていたので大切にされました。私たちが調査した松潭でも、男たちが行う祖先祭祀は深夜に始まり夜明け前には終わると決められていました。祖霊は、鬼神やトッケビと同じで夜の訪れとともに子孫のもとにやってきて、祭祀を受け、酒を酌み交わし、食事を共にし、夜明け前に去って行くからです。この時、ニワトリが万一時を告げるのを誤ると祭祀は台無しになりますから、そういうニワトリはすぐに殺されたと言います。

いわば、人間と生活を共にしていたイヌ、ネコ、ネズミにも、それぞれ役割がありました。日本の家のように雨戸がなく、マル（板の間）には戸締りがない韓国の住宅は、外壁によって守られ、入口の門の下にはイヌの出入りする穴がありイヌが警護していました。ネコには警護の役は果たせませんが、ネズミを捕らえるという大役があり、ネズミはネコのすきをねらって食物を掠め取っていたのです。

ここで私たちが紹介する「ロバと犬とニワトリの鬼神」は、年を経た家畜がムカデの力を借りて主人を殺そうとする話です。「追い出された主人」では、やはり長年家に棲みついて全てを知り尽くしたネズミが、主人の座を奪います。「山猫の変身」は、ネコが変化して妻の座を脅かそうとするはなしです。

こうした恐ろしい妖怪の役割を果たす反面で、人間と生活を共にするネコやネズミは、「猫の報恩—頭巾をかぶった猫—」のように人間の窮地を救ったり、「末娘とネズミの夫」のように末娘に幸福を授けたりと、親しみ深い援助者として登場することもある、両義的な存在であるとも言えるでしょう。

5　虎

虎は、韓国の人たちにとって特別な存在です。昔語りの世界では、蛇や狐やムカデなどがさまざまに変身して、縦横無尽に活躍しますが、虎はそうした「妖怪変化」の枠組には収まり切れません。

それは虎が、なにより韓国の人々の日常的な暮らしに登場する現実的な脅威であり、人間の力を越えた存在であったからだと思われます。

たしかにイムギや龍、白狐や九尾の狐、大ムカデなどは恐ろしい存在ですが、蛇や狐やムカデが、日常の生活の中で人の命を脅《おびや》かすことはありません。

それに対して虎は、周囲を山に囲まれた韓国の町や村では、夜になると家の近くの路をねり歩き、時には首都ソウルの王宮の庭にさえ出没して、女子どもはおろか屈強な男たちをも倒しかねない存在だったのです。この圧

山神と虎

倒的な脅威は、他の追随を許しません。

そして虎はおそらくこうした「超越的なパワー」を背景にして、韓国の民間信仰の対象となり、山中に祀られて信仰を集める山神に寄り添い、その化身として「山の霊」、「山の王」、「山の主人」などと呼ばれたのです。

山神は韓国の古くからの固有信仰で、村の平安、農作物の豊凶、病魔の除去などを司る氏神として定期的に祭祀を受けてきました。その化身である虎は、まさに民俗信仰の中心に位置するのです。

とはいうものの民話の世界の虎は、一方では大虎として人を一気に呑み込んだり（「猟師の息子の仇討」）、人の命を付け狙って変身をはかったり（「九代続く独子の冒険」）、母親を食い殺して成りすまし、子どもの命を狙ったり（「日と月になった兄と妹」）と野生の力を存分に発揮しますが、その一方では愚かで、賢い人間の知恵に簡単に翻弄されてしまいます（「巫女虎」）。また、人に助けられて恩を返す「虎報恩」の話も各地に見られます。

とにかく自らの国を「虎の国」と呼び、昔語りも「むかし、むかし、虎が煙草を吸っていたころ」と語り始めるほどですから、韓国には虎の神話・伝説・昔話などが数えきれないほどあります。ここでは、その代表的な八話と、一然が「三国遺事」と成俔が「慵斎叢話」古典的な二話を紹介するに留めたいと思います。

Ⅰ　鬼神

1　鬼神を使う鼻荊郎（一念『三国遺事』）（KT750）

第二十五代の舎倫王の諡《おくりな》は真智《しんち》大王である。姓は金氏で、妃は起鳥公の娘知刀夫人である。大建八年丙申（五七六）に即位したが（古い本には十一年己亥となっているが誤りである）、四年にして政事を乱し、淫蕩であったので国の人々が王を廃した。

これより前に沙梁部のある農夫の娘の容姿が艶美であったので、時の人々は彼女を桃花郎と呼んだ。

王がこれを聞いて、宮中に召し入れて楽しもうとすると、その女は「女の守るところは二人の夫につかえないことであります。夫があるのに他人と合うのは、たとえ帝王の威をしても奪うことはできません」といった。

王が「汝を殺せばどうするのか」というと、その女は「むしろ殺されても、他のことは願いません」と答えた。王が戯《たわむ》れて「汝の夫がいなければいいのか」というと「はい、いなければいいです」とその女が答えた。王はその女を放して帰してやった。

この年に王は廃されて亡くなった。その後三年にしてその女の夫も死んだ。それから十日くらいして、夜中に忽然と王が昔と同じようにしてその女の部屋に来て、「汝は昔、承諾したことがある。今、汝の夫がいないからいいだろう」といった。その女はそれでも容易に承諾しないで父母にきいた。父母は「君王の教えをどうして避けようか」といって女を部屋に入れさせた。七日後に王の姿は忽然として見えなくなった。女はこのことがあってから孕み、月が満ちてちょうど産もうとする時に天地が振動した。

一人の男の子を産んで、名を鼻荊郎とつけた。

真平大王がその不思議なできごとをきいて、その子を呼んで宮中で養育した。十五歳になった時、執事の職を授けた。毎夜、家を抜け出して遠くへ遊びに行くので、王は勇士五十人をして監視させた。いつも月城の上を飛び越えて西の方の荒川の岸の上（京城の西にある）で鬼の群をひきいて遊ぶのであった。勇士たちが林の中に伏してうかがい見ると、鬼の群は諸寺の鐘が暁をつげるのを聞いて各々《おのおの》散じて帰り、鼻荊郎もまた帰るのであった。兵士たちはこのことを王に上奏した。王は鼻荊郎を召して「汝が鬼たちをひきいて遊ぶというはほんとうか」ときいた。鼻荊郎は「そうです」と答えた。王は「それならば、汝が鬼たちを使って神元寺の北の川（または神衆寺というが、誤りである。または荒川の東の深渠ともいう）に橋をかけてみなさい」といった。

鼻荊は勅命を奉じて、鬼の群を使って石を削って一夜のうちに大きな橋をかけた。それで、その橋を鬼橋と名づけた。

主はまた「鬼たちの中で人間になって朝廷の政事を輔《たすく》るほどの者がいるか」ときいた。鼻荊郎は「吉達という者がいますが、彼は国政を輔けることができると思います」といった。王は「つれてこい」といった。翌日鼻荊郎がつれてきて見せた。吉達は執事の職務を授けると果して忠実で正直なこと比べものがないほどであった。時に角干の林宗に子がなかったので、王は勅を下して吉達を嗣子にさせた。林宗は吉達に命じて興輪寺の南に楼門をつくらせ、毎夜その門の上に行って留るようにした。それで、その門を「吉達門」と名づけた。

ある日、吉達が狐に化けて逃げるので、鼻荊郎が鬼を遣《つか》わしてつかまえて殺した。それで、その衆が鼻荊の名をきいて恐れて逃げた。時の人が詩歌を作って「聖帝の魂が生んだ子、鼻荊郎の家がここだ。飛んだり駆けたりする鬼たちよ、ここにとまるなかれ」といった。門にこの詩歌を貼って、鬼をよせつけない風俗がこの地方にできた。

（『三国遺事』紀異第一「桃花女と鼻荊郎」林英樹訳）

【解説】

高麗時代の高僧一然《いちねん》（一二〇六〜一二八九）が一二〇六年から一二八九年の間に認《したた》めた『三国

遺事』は、『三国史記』(一一四五)とともに韓国の歴史を知る上でもっとも重要な資料とされていますが、中国史書の様式に倣った『三国史記』に比べて、多くの故事を自在に取り入れたために逸話に富み、この鼻荊郎の逸話も『三国史記』には残されていません。

鼻荊郎は死者との間に生まれた異常誕生の異能者で、鬼神を意のままに操ったと言われます。そのため、後の民俗に「鼻荊郎室亭 飛馳諸鬼衆 此處莫停(鼻荊郎の家ここにあり、飛び馳せる雑鬼ども、ここに留まるなかれ)」と書いた札を貼って鬼神を追い払うという風習が生まれたと言われます。

鼻荊郎に仕えた鬼神のように、妖怪が人間には築くことが難しい城や橋を築く話は、世界各地に見られます。日本にも、「大工と鬼六」のように、名人の大工が架けあぐねた橋を鬼がたちまち完成してしまう話の他にも、大江山の鬼が架けたという「鬼の架け橋」や、鬼が堰を築いた「鬼神堰」等の伝説が各地に残されています。

2 疫病神の取りついた家(成俔『慵斎叢話』)

わが家の隣に奇(奇虔)宰枢《さいすう》(官職名)の家があったが、宰枢は一代の名賢(すぐれた為政者)であった。私が子どものとき、奇宰枢の孫の裕とは竹馬に乗って遊ぶ仲であった。宰枢が世を捨てて後、裕と私はともに官職についたが、裕は家にいて父親の仕事を手伝った。しばらくして、裕の家は凶家（呪われた家）となって、人が行き来することができなくなった。裕もまたよそに移って行った。

私はその隣で話を聞いたのだが、下人が門の外に立っていたら、急に何かがその背にのしかかって離れない。とても堪えられぬほどに重く、狼狽して家に入っていき、背中を見ても何もない。しばらくしてやっと軽くなったが、冷や汗にびっしょり濡れた。

その後から、奇異なことが多く起こるようになった。人がご飯を炊いていると蓋はそのままなのに、中には糞がいっぱいになっていて、ご飯は庭に散らばっていたという。あるいは盆や茶碗が空中に浮遊し、あるいは大きな釜が持ち上がって破れ鍾のような大きな音を立てた。あるいは畑の野菜が抜かれて逆さに植えられ、すっかり枯れてしまった。あるいは衣服の箱がかたく閉ざされているのに、衣服が取り出され梁の上にかけられて、それぞれに印章が押してあり、それは疥癬のような篆字《てんじ》であったという。

あるときには、だれも厨《くりや》（厨房）にいないのに竈の火がにわかに起こり、その火はだれかが捧げもつかのようにして渡り廊下に行き、渡り廊下を全焼させるようなことがあった。このようなことが多く起こって、この家をかえりみることがなくなって、年月が過ぎた。

裕が憤然として、「ご先祖が残してくださった家を修理しないまま放っておいて、どうして人の子としての道理が立とうか。大丈夫（一人前の男子）としてどうして鬼神を恐れることがあろう」といって、その家に帰って住むようになった。しかし、奇怪なことがまた起こるようになった。あるときには、飯鉢がかってに動いて、あるときには糞が人の顔に塗りつけられた。裕が叱りつけると、空中で声がして、「奇都事《トサ》（奇裕・都事は従五品の官職）はあえてここにお住みになるか」といった。まもなくして裕は病気になって死んでしまった。

裕の母方の従兄弟の継亮《ケリャン》が謀反を企てて死刑になったが、これも鬼神がこの家に取り憑いて祟りをなしたのだと、人びとは噂をした。

また、斯文（儒者）の杜《ト》が戸曹正郎（正五品の官職）になったとき、家に突然に鬼神がやってきて、いろいろとよくないことが起こった。その声を聞けば、十年前に死んだ姑の声であった。鬼神は家の中の生産と作業についていちいち指示をする。

ただ朝夕に食事を供えるだけではない。食べたいものがあれば、みなお供えしなくてはならなかった。わずかでも意に添わなければ、勃然《ぼつぜん》と怒りをなした。

鬼神が匙を取り上げて食事をするのは見られなかったが、食膳のものはすっかりなくなった。腰から上は見ることができず、腰から下は紙を張ってチマとしていた。その足がすっかりやせ細っているようすはまるで漆のようで、肉はついていず骨だけになっていた。人が、「この足はどうなさったのですか」と尋ねると、「死んで長く地下にいて、どうしてこうならずにいられよう」と答えた。いろいろとこれを祓おうと試みたが、成功しなかった。やがて斯文は病気になって死んでしまった。

（成俔著『慵斎叢話』第四巻・我が朝は多士済々「疫病神の取りついた家」梅山秀幸訳）

【解説】

ここには鬼神が家に取り憑き、家人を取り殺す二つの話が収められています。最初の話は名臣・奇虔（?～一四六〇）の死後、鬼神が家に取り憑き廃屋になったために奇虔の孫の奇裕が勇を振るって家を建て直そうと試みますが、結局鬼神の力に屈して病に倒れ、命を失います。この鬼神の正体は、南怡の乱（一四六八）に関わって刑死し、無念のうちに祭祀を受けることができなくなった、奇裕の母方の従兄弟の柳継亮ではないかと噂されました。

二つ目の話は、斯文（儒者）の李杜が戸曹正郎になったとき、家に十年前に死んだ姑が鬼神となって取りつきます。鬼神の「腰から上は見ることができず、腰から下は紙を張ってチマとしていた。その足がすっかりやせ細っているようすはまるで漆のようで、肉はついていず骨だけになっていた」という描写は、典型的な鬼神の姿の一つとされます。この姑も、なんらかの理由で祭祀を受けることができず、空腹に堪えず家を荒らしまわった挙句に李杜を取り殺してしまったのでしょう。

この二つの話を収めた『慵斎叢話』の作者・成俔は、名君・世宗朝二十一年（一四三九）に生まれ、暴君・燕山君十年（一五〇四）に没した名臣であり優れた文人で、その『慵斎叢話』には、当時の両班たちが語り合った「野談」または「野譚」と呼ばれる多くの世間話や笑話が収められています。朝鮮王朝の時代には、『慵斎叢話』をはじめ『於于野譚』『青邱野談』『渓西野談』など数多くの野談集が残されています。私たちはこうした野談集を読むことで、朝鮮王朝を生きた人々の生活や世界観を直接に知ることができます。

なおこの項の解説は、多くの点で『慵斎叢話』の翻訳者・梅山秀幸氏によっています。

3　鬼神の家（KT225）

ある村に、とても貧しい農夫がいた。どんなに努力しても、たくさんいる子どもたちに、ちゃんと食べさせるのは難しかった。冬には藁靴を作って売り、やっと生計をたてた。

隣の村に鬼神が出る廃屋があった。この家の主人が「誰かこの家に入って住んでくれれば、土地と薪をたっぷりとやるし、食糧もたっぷりとやる」というので、これまで何人も移り住んでみたが、いつも引っ越した夜に鬼神が出て、死にそうな目にあった。そのためにまったくの廃家になっていた。

貧しい農夫の夫婦は、せめて一日だけでも子どもたちに、腹いっぱいに食べさせたいと思い、師走の大晦日に引っ越した。夫は遠くに住む家の持ち主に会いに行き、日が暮れる前に帰るつもりだった。

妻は、子どもたちを早く寝かせて、夫が帰ってくるのを待っていたが、なかなか帰ってこないので、恐ろしくて震えていた。

そして真夜中になると、天井でおかしな音がして、人の足が一本ぶら下がってきた。妻は両手でその足をつかんで、力強く引っ張った。すると足が地面に落ちた。びっくりした妻は、しばらく気を失ったが、また気をとり直して目を開《あ》けると、今度は床に人の足音がして、部屋の戸が開いた。そして喪服を着た屍《しかばね》が入ってきて、妻のかたわらにごろっと横になった。

妻が「お前は、いったい何の恨みがあって、私たちを殺そうとするのか。早く出て行け」と叫ぶと、屍は気まずい表情をして、静かに出ていった。

この時を逃すものかと、妻はそばに置いた鍬を持って屍を追いかけた。すると、土塀のそばの桃の木のあたりで屍は姿を消した。

ちょうどこの時、あわてて走ってきた夫が、妻を起こし、話を聞いた後、桃の木の下を掘った。しばらく掘ると、黄金がつまった壺が出てきた。壺の中の黄金は、何百年も地の中に埋められて、鬼神になったようだ。

黄金やお金は、地に埋めると鬼神になると信じられている。お金というものは世の中に回すものので、地中に埋めてはいけない。勇敢な妻のおかげで、貧しかった農夫は長者になり、幸せに暮らした。

（一九七三年五月に忠清南道青陽郡で、李斗衡〔六十六歳〕から崔仁鶴が聞く）

【解説】

この話は、崔仁鶴が、一九七三年五月に忠清南道青陽郡で李斗衡に聞いた話の一つです。李斗衡は大変優れた語り手でしたが、その夜集まった男たちから、「お前さんはちょっとだまっていなさい」と再三制止され、黙らざるを得ませんでした。当時は、「昔話は女子どものもので、男は伝説のように真実の話だけを語ればよい」という風潮が強かったのです。

その時、村の男たちに制止されても「どうしても聞かせてあげたい」と言って聞かせてくれたのが「鬼神の家」でした。その晩、李斗衡は崔仁鶴の宿を訪れて、数時間にわたって数々の昔話を語ったのです。「こういう話者から聞いた話には、語り手による改作が少ない」と崔仁鶴は考えています。

埋められた宝が鬼神や妖怪になって古い家にとりつく話は、日本でも「蛸長者」や「宝化物」などとして知られています。いずれも勇気をもった人によって正体を知られる話ですが、とくに「蛸長者」は、勇気があって化物の正体をあばくのが女房である点が、この話に似ています。『グリム童話集』に収められた「怖がることを習いに旅に出た若者の話」も、この話の類話で、この場合は恐れを知らない若者が呪われた城に三晩のあいだ泊まり込み、城に取り憑いた魔物を倒して、城の地下室に眠っていた金銀を手に入れます。このタイプの話の類話は、ヨーロッパ各地で語り継がれています。

4　鬼神が哭泣するという言葉の由来（KT341）

むかし、ある村に貧乏な人が住んでいた。夫婦の間に子どもがいなくて、いつも淋しく暮らしていたが、夫婦は二人とも熱心に真心をこめて、子宝に恵まれるように祈っていた。

ある日、三神山でその婦人が祈っている途中でちょっと眠気におそわれてウトウトしていると、一人の老人が現れ、「おまえの心映えが見事なので、子どもが生まれるようにしてあげよう。おまえが帰る途中に人蔘が一株あるはずだから、それを掘って食べれば子どもができるだろう」と告げて消えた。

妻は驚いて目を覚まし、それが夢だと分かったが、夢に教えられた場所にいってみると、果たして人蔘があった。喜んで、それを掘りだして家に持ち帰り、夫に夢の話をした後に、煎じて飲んだ。するとほんとうに妊娠して、玉のような男の子をさずかり、夫婦は喜びのあまり月日のたつのも忘れて過ごした。

両親は、その子が大きくなり、七、八歳になったときに勉強をさせようと、書堂に通わせた。ところが、息子は少しも勉強をせずに、かわりに弓を作り狩にばかりいくので、いつも父母や先生にふくらはぎを打たれて罰せられていた。しかし、それでも相変わらず勉強はしなかった。

そんなわけなので、息子は十七、八歳になっても、自分の名前すら書くことができなかった。それなのに、ある日、父親の前にひざまずいて「科挙を受けにいくのを許してください」と言った。息子が、あんまりせがむので、父親は家産をはたき、弓を買ってやった。

ところで、この息子が科挙を受けにいく途中で日が沈み、ある家で泊まることになった。その家にはきれいな娘がいた。その家の主人のヨンガム（令監）が息子を見て、非常に賢そうに思われたので、わざわざその娘に接待をさせたのに、息子は娘が入ってくるとどなりつけてしまった。そして翌日、出発しようとして門を開けると、娘が上がり框《がまち》で首をくくって死んでいた。

息子は、科挙の試験場に向かった。試験は、弓で的の中心を五本射貫くというものだった。自信満々の息子は、自分の順番がくると、少しも狂うことなく三本を命中させた。ところが四本目の矢を射るとき、突然つむじ風がおこり、矢が途中で折れてしまった。そのために科挙に落ちてしまった。

科挙の試験は三年に一回ずつあったが、息子は受けるたびごとに三本は真ん中にあたり、四本目の矢が折れてしまった。たいへん不思議なことなので占い師に問うたところ、娘が悪霊となり、弓を射るごとに邪魔することが分かった。

息子は、三十歳を過ぎて、また科挙の試験を受けにいった。そして、いつもの通り三本の矢は的を射抜き、四本目の弓を射ようとしたとき、泣き声がした。息子がそのまま立っているので、郡守が不思議に思い、その泣き声のわけを聞いた。

いままでのことを詳しく話すと、郡守は真ん中にあたった矢を集めて、もう一度射るようにと命じた。そこで、改めて二本を射ると、二本とも命中した。そして、それまでに命中した矢の数を合わせて、息子は科挙に合格した。

すると突然、空中で悪霊が泣きながら「郡守の計略にひっかかった」と悔しそうに言いながら逃げていった。このときから「新しい智恵を出せば鬼神が哭泣する」という言葉が生じたと言う。

（一九五五年八月十二日に京畿道坡州郡交河面多栗里で、李厚真から任東権が聞く）

【解説】

この話の主人公は、子に恵まれない母親が山神の教えに従って人蔘を食べて授かった、特別な能力をもった子どもです。その主人公の科挙試験を、娘の怨霊が鬼神となって何度も阻みます。山神に授けられた特別な才能を持つはずの主人公が、鬼神の呪いに阻まれて能力を発揮できないのですから、未婚で死んだ乙女の恨みが、いかに怖れられていたかがわかります。

崔仁鶴は、「これはすでに儒教文化が一般に広がった朝鮮中期以降に生まれた話だと考えられる。科挙制度が普及するとエリートが広く登用されることとなり、科挙についての考えも変わり、鬼神（怨霊）の存在に対する考え方も変っていった。鬼神は恐ろしいが、同時に騙されやすい愚かな存在であるという見方が生まれたのもこの頃で、そこから『鬼神も哭する』という諺が生まれたのである」と述べています。

ところで、科挙には文官（東班）と武官（西班）を募る試験があり、公的な場では二つの班（両班）は東西に分かれて坐りました。この主人公が受けた科挙は武官を募る試験です。

5　小さな怪物（KT344）

ソウルのある両班の家で祝宴が開かれ、家族、親戚一同、友人を招くための祝いの席のご馳走が準備された。大勢の男女が祝宴に参席した。ところが、女たちの居室の前に突然、年は十五、六歳ほどで、髪の乱れた薄汚い少年が現れた。家の主人は誰かの供《とも》をしてきた下人だと思い気にも留めなかったが、女の客の中の一人が、彼が内棟《アンチェ》（女たちの居住域）に入ってきたのを見咎めて、追い払うよう命じた。

しかし、少年は一歩も動かず、「お前は一体誰だ。誰の供をして女の居室にまで入るのだ」と聞かれても返事もせず、まるで棒のように突っ立っていた。

人々は疑わしく思い、その少年が誰で、誰について来たのかを互いに尋ねてみたが正体が分からない。親戚の者たちは腹を立てて、少年をすぐに追い出せと命じたが、下人が何人かかっても、少年は土の中に深く突き刺さる岩のように全く動きもしなかった。

何人かの力自慢が呼び寄せられて、少年を引きずり出そうとしたが、髪の毛一本も動かない。綱をかけて引きずり出そうとしても、うまくいかない。

そこで、客の一人が「こ奴も人間ではないか、どうして引きずり出せないことがあろう」と言って、若者五、六人にこん棒で叩かせて、こっぱみじんにした。少年は、まるで卵の殻のように砕けたように見えたが、相変わらず揺れもせず、怪我もしていなかった。

これを見た大勢の人たちは「これは人ではなく鬼神だ」と大声を上げて恐れた。人々は皆、内棟の内庭に行って、合掌をして慈悲を請い、拝礼し始めた。

すると少年は、にやっと笑いながら大門の外に出て、消えてしまった。

びっくり仰天して驚いた人々は、その後、みな病にかかった。彼をとがめた人、綱で縛ろうとした人、こん棒で叩いた人は、みな数日の内に死んでしまった。その家の人たちも病にかかって死んだ。

その少年はトオク神（荒ぶる鬼神）として祀られたが、正体不明の怪しい神だった。

（James S. Gale が、〝Korean Folktales（1913）〟に収録）

【解説】

伝統的な韓国の住居は、男たちの居住空間（舎廊棟《サランチェ》）と女たちの居住空間（内棟《アンチェ》）に分かれ、内棟には、主人とそれに準ずる者以外の男が足を踏み入れることはできません。その内棟の中心が主婦の住む場所で、その前にマダンという内庭が広がっています。この話では、この内棟に正体不明の鬼神が突然現れたのです。この家の一族と祝宴の客は、この鬼神の正体を知らず、力づくで追い出そうとして、みな非業の死をとげます。

朝鮮王朝時代後期の野談集『天倪録』に収められたこの怪奇譚（一門宴頑童為癘）に惹かれたゲイルは、栄えた一門が滅びる時には、凶兆があるとした上で、「鬼神は敬して遠ざけるべきものなのに、ここでは対応に誤りがあったのだ」としています。そして、「いずれにせよ鬼神と人間は共存できない」と述べています。

6　針の穴から抜け出した鬼神（ＫＴ３７１）

むかし、あるところに目が不自由だが、鬼神の行動を観察できるという珍しい人が住んでいた。ある日、この人の前に一人の男がチゲ（背負い籠）を背負って通りかかった。荷物は結婚式の場に運ぶお菓子のようだが、その上に鬼神が坐っていた。この人は、「ほほう、これは大変なことだ。あの意地悪な鬼神は、また、誰かの家に行って、誰かを苦しめるつもりだな」と独り言を言って、そのチゲの後ろについて行った。

チゲが結婚式の場に入ってからまもなく、突然大騒ぎになった。結婚式に出席するはずの新婦が死んだというのである。この人は誰のせいかよく知っていた。

娘の家は、突然、喪中の家に変わって、「アイゴー、アイゴー」という泣き声が聞こえていた。この人は、家の中に入って、家のあるじに、「娘さんを甦《よみがえ》らせますから、わたしが娘さんの部屋に入りましたら、扉は全部閉じて、隙間がないようにして下さい。針の穴でもあったらいけませんよ」と固く念を押した。

この人が娘の部屋にはいると、ちょうど鬼神が娘の首をしめているところだった。彼は急いで呪文を唱えた。すると鬼神はとっさに娘から離れて逃げ道を捜したが、隙間がないので部屋の中で大騒ぎをした。外へ聞こえるのは、娘の部屋の中で食器でもこわすような音であった。人々は部屋を囲んで結果をじっと待っていたが、そのうち下男の一人が、指先で針穴ぐらいの穴を開けて中をのぞいてみた。

中では、この人が呪文を唱え続け、鬼神は逃げ道がなく、ほとんど死の境に追いつめられていたところであったが、ちょうど下男が開けた穴があったので、その穴から逃げ出してしまった。

しばらくたって、この人が娘と一緒に出てきた。彼は「だれが穴をあけたのか。娘は幸い甦らせたが、鬼神はその穴から逃げてしまった。いつかその鬼神がわたしに仇をうつだろう」と予言した。

娘を鬼神から救ったうわさは全国に広がった。いいこともあれば悪いこともかさなる。国の役人の中には、この人のことを批判する者がいて、「何も見えない男が鬼神を見るということは作り話でしょう。このようなうわさを広めて、国を混乱させようとするたくらみかもしれません」と王さまに訴えた。

やがて、王さまは問題の男を捕えるよう命じた。王さまの前に引き出された男は、「絶対に国を混乱させるつもりではありません」と自分の潔白を訴えた。王さまは、かごの中にネズミを一匹入れて、目の不自由な人の前に持ってきた。「この中に何が入っているのかわかるか」と問うと、この人は、「はい、ネズミが入っています」と答えた。王さまがさらに、「では何匹入っているか」と問うと、「はい、三匹はいってます」と答えた。王さまは怒ってどなった。「この嘘つきめ、一匹なのになぜ三匹と言うのか」と言うと、この人は再び「はい、確かに三匹はいっております」と答えた。王さまは、「ただちにこの男を死刑にせよ」と命じた。

兵士たちがこの人を死刑台に連れて行ったのち、一人になった王さまは、「あの男がネズミだと知りながら数字を間違えて答えたのには、なにかわけがあるはずだ」と考えて、大臣にそのネズミの腹を割らせてみた。するとこのネズミの腹の中には子ネズミが二匹はいっていた。

王さまはただちにさきの命令を改めると命じた。さて、このときは、死刑台に向いている城の上の旗手が旗を左に振ろうとしていたところだった。死刑吏はこの旗の振る方向をみて執行するのであり、左に振ると執行、右が中止ということになっていた。ところが王さまの命令が改めて伝えられたので、旗手は旗を右に振ろうとした。だがなぜかこのとき、突然強い風が吹き出して、旗手の旗がなんとなく左に傾いた。力いっぱい右側に振ろうとしたが、強い風に旗は左にふるえてしまったので、死刑吏は執行の命令が下されたと受けとめ、男の首をきってしまった。

突然吹いてきた風は、実は針穴から逃げ出した鬼神のしわざだった。目の不自由な人の首が切られる瞬間、鬼神は旗手のそばに立って面白そうに眺めていた。

〔一九七三年八月十一日に江原道原城郡金垈里で、金錫喆〔七十七歳〕から崔仁鶴が聞く〕

【解説】

韓国では、人は死ぬとあの世に行き、命日とか祭祀の日などの特別な日だけ子孫のもとを訪れる先祖になりますが、この世に怨みを残したまま死ぬとその霊魂があの世に行けずに祟りや悪戯を繰り返す困った存在になります。この怨霊の祟りや悪戯を防ぐために、ムーダン〔巫堂〕による祭祀を行い、鬼神を慰めてあの世に送る儀式を行います。

この話では目の不自由な人が鬼神を見抜き、退治しようとしますが、あと一歩のところで逃げられて後に復讐されます。目が不自由であることは、確かに大変なハンディキャップですが、その一方で目の見える人に見えないものを見る力が備わっていることもあります。死後の世界と交流したり、まだ見ぬ将来を占ったりする職業的な巫堂や占師に盲人（盲覡）が多いのはそのせいです。

この話と同じく鬼神から女を救った話としては、世祖に仕えた武官の南怡（一四四一～一四六四）が、少年時代に「衣で顔を隠して路をゆく女を鬼神が付け狙っていたのを追い払った」という武勇伝が『記聞叢話』等の野談集に見られます。

7　鬼神も忙しい時がある（KT377）

むかし、ある人が呪法を習った。ある日、習った呪法で降神を企てた。しかしいくら呪術を用いて神を招いても、なかなか神は来てくれなかった。彼は自分の術がまだ足りないせいかと思って、一心不乱に呪文を唱えた。

間もなく一人の神がやって来た。彼が見ると立派な神ではなく、最も位が低い、醜い鬼神であった。その醜い神が彼のそばにやって来たかと思うと、いきなり彼の頬を強く殴った。

「こんな忙しいときに、なんのために呼ぶのか」

「なにがそんなに忙しいですか」

「今はちょうど、国が乱れ、地の主が代わろうとしているときだ。こういうときは神々が皆そちらに集まっているということぐらいはお前も知っておきなさい」と言い残し、神は去ってしまった。このときは、高麗王朝が倒れ、新たに李太祖が立ちあがろうとしていた頃であった。

（一九七三年九月に全羅南道求礼郡で、朴海斗〔七十八歳〕から崔仁鶴が聞く）

【解説】

日本でも、一年に一度出雲に神々が集まり、国中に神がいなくなる神無月がありますが、韓国でもすべての神が何処かに集まって、いつもの居所を留守にすることがあるそうです。それは、なにか国難が訪れた場合で、神々がその対策を協議するためです。その時、神々の意を受けた者が適切に行動すれば、国は災いを避けることができますが、適切な行動がとられないと国は乱れるとされます。

「古い王朝が崩れ、新しい王朝が誕生する時は民心も迷い、社会も迷う。高麗が滅びると護国の礎《いしずえ》であった仏教とそれに伴う民間の信仰は衰退し、続く朝鮮王朝時代には儒教が繁栄して、仏教と民間信仰は排斥され混乱する。このような激動の時代には、人心のみならず神々も右往左往し、忙しい時期を迎える」と崔仁鶴はコメントしています。

この話は、高麗王朝が倒れ、朝鮮王朝に移行しようとした折の話とされています。神々の集まりに、忌み嫌われるはずの醜い鬼神が加わっていたというところが興味深い話です。

8　密陽の阿娘閣《アラン》（KT334・1）

慶尚南道、密陽《ミリャン》邑、南川江の上流にある嶺南楼の下にある竹やぶの中には小さな碑石と「阿娘閣《アラン》」という祠堂がある。

今から約百年前、明宗の時代のことだったという。密陽の府使には阿娘という十九歳になるかわいい娘が一人いて、その娘は幼くして母親と死に別れ、乳母と一緒に暮らしていたが、その容貌の美しさはその付近一帯で評判になっていた。その頃、この阿娘の父親のもとで働いていた年の若い官奴がいたのだが、その官奴は阿娘の美しさに恋慕の情が募り、募る思いを抑えることができず、彼は阿娘の乳母を巨額の金で買収した。

ある十五夜の満月が明るい晩、乳母は阿娘に月見を兼ねて気晴らしに外に出ようと誘った。阿娘も一度、外に出てみようと思っていたところだったので、快く承諾した。そうして、娘は乳母と一緒に青い空の下、明るい月を眺めながら嶺南楼の前庭まで歩いてきた。月光に照らされた嶺南楼一帯の美しい景色をあちこち見物している時、乳母はこっそりと抜け出した。

その時、乳母と示し合わせていた官奴が、どこかに隠れていたのか、いきなり阿娘に飛びかかった。阿娘は死にもの狂いでその官奴に抵抗した。この官奴は阿娘の断固とした抵抗にどうすることもできなかったのか、ついに刀を抜いて、刺して殺してしまった。

この無念な阿娘の死を知る者は男と乳母の以外には誰もおらず、密陽の府使も娘の行方を捜したが、わからなかった。

その後、阿娘の父親は他の土地に赴任し、後任の府使が密陽に赴任したが、どうしたことか新任の府使は、赴任の翌朝に次々と死んでしまうのだった。

こうした奇怪な事件が立て続けに起こるので、密陽の府使になろうとする者はいなかった。すると、ある者がこの話を聞いて、密陽の府使に志願した。国では密陽の府使になる人がおらず心配していたところだったので、快く承諾した。

この府使は赴任すると早速、官奴たちにロウソクをたくさん準備するように命じた。そして夜になると、ロウソクで四方を昼間のように明るく灯し、寝ないでいた。夜が更けると、髪は乱れ、着物は引き裂かれたうえ血まみれの乙女が現れて、府使に丁重に挨拶をしてからこう言った。

「私はこれまで望むところがあって、府使さまに申し上げようと近づくのですが、どうしたことか皆《みな》混沌して亡くなってしまい、願いを申し上げられずにいます」

そして自らの死の経緯《いきさつ》を語り、「明日、自分は紋白蝶《もんしろちょう》になって敵《かたき》の冠にとまるから、自分の仇《あだ》をうってほしい」と言って姿を消した。ようやく長年の謎を解いた府使は嶺南楼の下の竹やぶの中で無念に刺されて死んだ乙女の遺骸を見つけた。

その翌日、府使は部下の官奴たちを集め、赴任の挨拶をしていると、昨日の晩に現れた娘が言ったように一匹の紋白蝶が飛んできて、一人の官奴の冠にとまった。府使がこの官奴を捕らえて尋問すると事実が明らかになったので、死刑に処して、阿娘の敵《かたき》をとってやったという。

このことがあってからは、府使が死ぬという奇怪な事件はまったく起こらなくなったという。人々は、死をもって貞節をつらぬいた阿娘を永遠に称えようと、密陽の乙女たちを集めて、阿娘閣という碑閣を建てた。碑石が建っている所は阿娘の亡くなった場所だと伝えられ、毎年、陰暦の四月十五日にはこの場所で乙女たちが祭祀を行うという。

（一九三六年八月に慶尚南道密陽郡密陽面で、金二再から崔常寿が聞く）

【解説】

阿娘は、よく知られた伝説の一つです。主人公の本名は尹ジョンオクとされ、慶尚南道密陽の郡守の娘でした。彼女は、乳母の陰謀によって、官吏に陵辱されそうになりますが、頑なに拒絶して、殺害されたと伝えられます。

韓国では、死後の霊魂のたどる道は二つあります。一つは先祖たちの暮らす幸せなあの世への道ですが、思わぬ事故や不幸でこの世に恨みや未練を残したまま死んだ人の霊魂は、道半ばで寃鬼《えんき》（鬼神）となり、祟りや災いをもたらします。

しかし、その寃鬼も常にこの世をさまようわけではありません。怨みが解け、望みがかなえられれば、あの世へ旅立つことができます。そうした場合に、寃鬼の恨みを晴らし、望みをかなえさせて、あの世に送るのが巫堂（ムーダン）と呼ばれるシャーマンの重要な役目です。このように寃鬼の悩みを聞き、その魂を慰めるためのシャーマンの儀礼は、一般に「サルプリクッ（解冤クッ）」と呼ばれます。

この話に、シャーマンは登場しませんが、進んで災いを絶つ主人公の府使にはシャーマンと同じく、鬼神をものともしない不思議な力があります。

なお、死者の魂が蝶や鳥に変身する話は、韓国だけでなく、日本でもよく見られます。

9　処女は平土葬（KT335）

昔、ある旅人が路傍の墓のそばで小便をした。その夜の夢に一人の美しい処女がみえて「わたしは今日、あなたのもっている貴いものをみせていただくことができました。わたしのこの世の恨みもこれでとけましたから、これからわたしはあの世に旅立つことができます」といって消えてしまった。

旅人が小便をしたところはその娘の墓であったのである。男を知らずに死んだ女はあの世に行くことができない。いつまでも地上をさまよわなければならない。旅人の無礼は、かえって可哀想な女の死霊を救うことになった。

その後、娘の魂はしばしば旅人を助けた。娘の魂の指図によって彼は科挙にも及第することができ、それでまた美しい妻をめとることもできた。彼が結婚の当夜、娘の魂はまた現れて「これで御恩返しができました。わたしはもうこれでお別れいたします」といったきり、その後姿をみせなかった。

この事があって以来、未婚女の死体は土をもらずに、かならず「平土葬」にして埋めるようになった。人が気づかないようにするためである。


（一九二一年十一月に全羅北道全州郡完山町で、柳春爕から孫晋泰が聞く）


【解説】

韓国では、一般に日当たりのよい丘の中腹に小さな芝生の円墳を築きますが、ここでいう「平土葬」とはこうした手続きなしに、道端の平土に葬られた死者の墓です。崔仁鶴は「平土葬は、朝鮮時代に入って祖先崇拝が盛んになった時に生まれた民俗であり、この話もそうした民俗の一環である」と考えます。

娘が結婚以前に処女のまま死ぬと、無事にあの世に行くことができず、この世とあの世の間をさまよう寃鬼（＝鬼神）になるといわれています。この世に怨みを残して寃鬼として彷徨うことは、ほかにも見られますが、処女の寃鬼は「ソンまたはクシ」と呼ばれ、寃鬼の中でも最も恐ろしい存在だといわれました。これは「女性は嫁に行って多くの子どもを産み、婚家の子孫を繁栄させるのが務めである」という儒教の考え方が支配的であった朝鮮王朝時代に育まれた考え方であろうと思われます。

この考えはつい最近まで残り、巫堂（シャーマン）の手を借りて、未婚のまま死んだ息子や娘に結婚相手をさがして娶《めあわ》せる冥婚（死後結婚）の祭祀が行われてきました。

日本でも、かつては、幼くして命を落とした子どもを「若葉の霊」として、家の敷居の下などの人の出入りする場所に埋葬し、踏みしめることで死者の魂を鎮める慣習が見られました。いずれも未成熟なまま他界した魂を供養する民俗であると思われます。

10　怨霊どうしの争い（KT339）

むかし、ある常民の娘が一人の両班の息子をひそかに恋した。しかし、それは叶う道理がなかったので、娘はとうとう相思病《サンサビョン》（恋病い）にかかった。

娘の心をきかされた娘の父は、死を決して娘を救うべく、両班家の主人にわが娘のことを打ちあけた。しかし両班はこれを一言のもとに拒絶した。「娘がたった一目でよいからあなたに逢いたいといっております。どうか一日だけ逢ってやって下さい」と彼は両班の息子に嘆願したけれども、両班の息子はそれさえ聞きいれてはくれなかった。

娘は死んだ。そして娘の魂は怨霊（怨鬼ともいう）となって、両班の息子に始終憑《と》りついて歩いた。娘の怨霊のため両班の息子は何をしても失敗した。学問をしても上手《うま》くいかず、科挙に応じてみても落第ばかりした。彼女の怨魂は寸時も彼の周囲から離れなかったのである。いかにあやまっても、またいかに祓おうとしても怨霊は離れなかった。

両班の息子は致し方なく全国八道の遊覧でもしようと放浪の旅に出た。ある日彼は三角山にのぼった。絶壁の上の細い路で、彼は一人の僧に出会った。たちまち雲霧が起こってきて咫尺《しせき》（わずかな距離）を分別することさえできなくなったので、二人は路上に坐り「霧の晴れるまで昔話でもしようじゃありませんか」ということになった。

まず両班の息子が何か一席の昔話をした。つぎは坊主の番である。坊主はしばらく考えてみたが別に気のきいた面白そうな話は思い出せなかったので「昔話でなくとも、往年わたしの身の上に起こった話でもよいでしょうか」と尋ねた。「もちろん、よろしいです」と若者は答えた。すると坊主はつぎのような話をした。

「別に面白い話ではないが、まあ聞いて下さい。あるとき、私は村へ托鉢に下りたことがある。ある家に入ると、その家には誰もいず、ただ一人の若い嫁らしい人が機を織っていた。私はむらむらと起こる野心を抑えかねてその女にとびついた。けれども女は強く抵抗して言うことをききそうもなかったので、側にあった食刀を以て私は女の乳房を刺した。ところが意外にも、女はその場で斃《たお》れてしまった。私も若いときにはそんな乱暴なことをしたのです」と話を切った。

若者はそれを聞いて大いに憤慨し「この野郎、坊主のくせに良家の女を劫奪する（力で奪う）とはなにごとだ」というとともに坊主を絶壁の下へ蹴落とした。するとたちまち空中から異常な鬼声がきこえ、二つの女鬼がたたかいをはじめた。

というのは、この坊主に殺された女もまた怨魂となってつねに坊主について歩いていたのであるが、彼女は意外なところで意外な若者によって仇を討つことができたので、その返礼として若者について歩いていた怨魂を殺そうと、二つの怨魂のあいだにたたかいが始まったのであった。

その夜、両班の息子の夢に一人の女が見えた。女は胸に鮮血を流していた。「お蔭さまでわたしは積年の仇を討つことができました。私もあなたに恩を返すべく、あなたについて歩く悪い女を殺しました。もう安心して下さい」といって女は姿を消した。若者はそれでようやく怨魂女から逃れることができたという話である。

（一九二一年十一月に全羅北道全州郡完山町で、柳春燮から孫晋泰が聞く）

【解説】

思いをとげることができず処女のまま死んだ娘と、男を拒んで殺された女の魂が、いずれも怨魂（寃鬼）となって祟る壮絶な話です。男を拒んで殺された女の怨魂が、たまたま怨みをはらしてくれた男に憑く怨魂を倒し、恩に報います。

これは孫晋泰が、一九二一年十一月に全羅北道全州郡完山町で柳春燮に聞いた話です。柳春燮は二十三年五月と十月にも孫晋泰に話を提供しているので、孫にとって大切な語り手であったことが分かります。柳春燮は、孫晋泰に同じ十一月に「処女は平土葬」（ＫＴ３３５）を語っているので、当時もまだ、処女のまま死をむかえた女性が通常の死者に手向けられるはずの儀礼を受けられず、怨魂となってさまよう可能性が残されていたことに同情を感じていたことが察せられます。

Ⅱ　トッケビ

1　青トッケビ（KT104）

むかし、とても深い山奥にお婆さんが一人で住んでいた。とても山奥で、村までは百里の道を歩かなければならないほどだった。

ある日、お婆さんは用事があって村まで行くことにした。

しばらく歩くと、おなかがすいて喉が渇いたので、水を飲みたいと思ったが、日が暮れてしまった。どこまで来たのか、遠くに灯りがちらちらと見えた。その家を訪ねていくと、小さなおもちゃのような人が現れたので、水をくださいと言うと、小さなおもちゃのような人は、「俺さまのようなソンビ両班に話しかけるなんて、生意気なやつだ。さっさと立ち去れ」と大声で怒鳴りつけた。

お婆さんはどうすることもできないで追い出され、また歩きだした。しばらく行くと家が現れ、また灯りがさしているので、そっと静かな家の中をぐるっと見渡した。するとどこからか冷たい風がピューッと吹いてきて、白髪のお婆さんが現れ、「いったいどこの老いぼれが、他人の家に勝手に入ってくるんだ。早く出て行かないとわしの倅《せがれ》の青トッケビにとって食われるぞ」と言った。

お婆さんは、また追い出されたので、あてもなく歩いていった。するとどこからかドシンドシンという音がして、青トッケビが現れた。そして青トッケビが口をあんぐりと開けたので、お婆さんは気を失ってしまった。

青トッケビはお婆さんをとてもおいしそうに食べたということだよ。

（一九五五年八月二日に忠南礼山郡新陽面貴谷里で、李昌浩から任東権が聞く）

【解説】

トッケビは、さまざまに姿を変える不思議な妖怪で、一般には人を驚かすことはあっても、命を奪うことは稀です。この話の主人公である老婆は、ふとしたはずみで、トッケビの世界に迷い込み、抜け出すことができずに命を落としてしまいます。

日本でも、異界に踏み込んだために命を落とす話は『遠野物語』をはじめ、世間話にはよく見られます。昔話の主人公は、異界でトッケビや虎や狐に出会っても首尾よく逃げおおせますが、一般の人には、それが上手にできないことがあります。

なおこの話に登場する「ソンビ」というのは、村に住みながら、学識が高く、言動、礼節が正しい知識階級で、一般庶民は敬意を払わねばならぬ階層の人々のことです。

2　ホランガムテ（KT262）

むかしは、人はあの世でも豊かに暮らせるようにと願って、どこの家でも祖先のための祭祀が盛大だった。なかには、あんまり度が過ぎた祖先祭祀をしたために財産が減って、ついに物乞いのように貧しくなった家もあった。

ある田舎に、祖先祭祀を徹底する人が住んでいた。この人は、祖先が多く、祭祀をする回数が多かったため、ほぼ毎日、祭祀をすることだけが日課になってしまった。

ところが、トッケビたちは狡くて、男が祖先のために財産を浪費する習慣をさらにあおりたてた。というのも、男が祖先祭祀をすれば、トッケビは祭祀をする家をたずねて、思い切り御馳走を食べることができるからだった。

男は祭祀の日を迎えると、いつも誠意を尽くして祭壇を用意した。すると不思議なことに、祭壇に用意した食べ物がどんどん減っていく。そして祭祀が終わるころには、食べ物がほとんどなくなってしまう。男は、これは祖先の霊魂がやって来て、御馳走を食べて行くからだと考えて満足した。そして、さらに誠意を尽くして食べ物を用意し、その量を二倍、三倍と増やした。それでも食べ物は全部なくなった。

これはトッケビたちの悪戯のせいだった。トッケビたちは、彼らの仲間まで呼んできて、お腹が破れるほど食べて行った。そうとも知らずに、祖先の霊魂たちが来て御馳走を食べて行くと信じた男は、さらに手厚い祭祀をして、とても貧しくなった。

しかしある日、この男はじっくりと考えた。

「いくら御祖先さまだからといって度が過ぎる。子孫が誠意をつくして用意した食べ物を、遠慮せずに全部食べて行くなんておかしい。これは、おそらく祖先が来て食べて行くのではなく、悪い鬼神やトッケビたちの仕業ではないだろうか」

こう考えた男は、こっそり隠れてようすを見ることにした。

そして祭祀の日になると、食べ物をたくさん用意した。そして「たいした御馳走は用意できませんが、おいしくたくさん食べてお帰りください」と言って部屋を出るふりをして、屏風の後ろに隠れて見張りをした。

すると、目には見えないのに食べ物がどんどんなくなっていった。これを見て、男はやはり思った通りだと激怒して、前もって用意した棒をめちゃくちゃに振り回した。突然の出来事に驚いたトッケビは、あわてて逃げだしたが、逃げ遅れたトッケビが、かぶっていた帽子を棒に打たれて地面に落とすと、その姿が目の前に現れた。

これを見た主人は、「やっぱり、お前たちトッケビ野郎のしわざだったのか」と、なおも棒を振りながら追いかけてきた。その後、トッケビは、二度とその家に現れなかった。

男はトッケビたちが消えた後、帽子を妻の前でかぶってみた。すると、妻は「あなた、あなた。あなたはどこにいるの」と叫んだ。男が帽子をとると、姿がまた現れた。この帽子は、「ホランガムテ」というトッケビの魔術の帽子だった。

男は不思議な「ホランガムテ」を前にして、じっくりと考えた。「もし私がこれをかぶって店に入っても、店の主人の目には、私の姿が見えないはずだ。ものを盗んでもばれないな」

男は、それから魔術の帽子を利用して悪いことをしようと決心した。

そしてある日、市場に行った。多くの人たちが集まり、物を売ったり、買ったりしていた。男はホランガムテをかぶって、果物屋にそっと入った。主人の金箱を開けると、売りあげ金がたくさん入っていた。男は、主人が物を売っているすきに、金箱からお金を全部取り出して店を出た。そして帽子をとって自分の姿を現した。

その時、店の主人が「泥棒だ。泥棒をつかまえてくれ。誰かが金を全部盗んだんだ」と地団駄を踏んで叫んだ。この光景を見た男は、くすくすと笑いながら家に帰った。

こうして男は、最初に持っていた財産の何倍もの金をためた。

ところが、あんまり使いすぎたので、ホランガムテがボロボロになってしまった。

そこで男は、破れたところを縫ったが、赤い糸で縫ったために、男の姿は見えないが赤い糸だけは見えてしまった。

男は、そうとも知らずに、今度は宝石屋に宝石を盗みに入った。

店に入ると、宝石屋の主人が一日に稼いだお金を数えていた。そして側には宝石が入った箱が置いてあった。男は、ホランガムテをかぶって宝石屋の主人に近づいた。

すると金を数えていた主人の目に、赤い糸が動くのが見えた。

「これは何だろう。まるで鬼神のしわざだな。赤い糸が行ったり来たりしている」

そう思った主人は、ゾクッと怖くなったが、息を殺して見ていた。すると急に宝石箱が動き出したので、その赤い糸を追いかけていった。

主人は「泥棒だ」と声を上げて、手で赤い糸を引っ張った。するとかぶっていたホランガムテが落ちて男の姿が現れた。

「泥棒を捕まえろ」と宝石屋の主人が叫ぶと人々がどっと駆け寄って、男を捕まえた。

宝石屋の主人は、ボロボロのホランガムテを火で焼いた。そして男を縛り上げて死ぬほど打つようにと命令した。そして男は、あまりに多くの悪事を働いたせいで、死ぬほど打たれて家に戻った。


（一九一三年に慶尚南道彦陽で、趙誠甲から鄭寅燮が聞く）


【解説】

鄭寅燮が、子どもの頃に彦陽で趙誠甲から聞いた話です。日本の「隠れ頭巾」や「隠れ蓑笠」

と同じタイプの話で、日本の場合は、彦一や吉四六《きっちょむ》のような知恵者や怠け者が狐や天狗をだまして宝の蓑や頭巾を手に入れる話が多いのですが、この話の場合は祖先祭祀を熱心に行う男が、祭祀の供物を盗み喰うトッケビから奪い取ります。

これと同じタイプの話を、任東権が一九五五年に忠清南道牙山郡陰峯面新休里で記録していますが、その場合は廃屋で博打を打っていたトッケビが夜明けになったので魔術のトンゴリ（コート）を忘れて去り、それを拾った主人公がトンゴリを着て姿を隠し、悪さをすることになっています。この話を収めた『韓国の民話』で、任東権はトッケビについて「トッケビは日本の化物・河童・幽霊と似ているが、同じものではない。人が使用した古物の器具がよくトッケビに化けるが、特に女性の手垢や血痕のついた物が、よく化けたものである。明るい白昼には現われないで、暗い夜や雨の降る日、古屋や草むら、枯木の下や谷間の岩陰など陰湿な所にすみ、人をおどしたりいじめるが、殺害することはない。非凡な超人的能力があって、山を担いで運び、歩いて大海を渡る」と書いています。

ところで、この話に登場する「ガムテ」とは頭にかぶる衣冠の一つで、高位の官職や職位を示します。動物の世界では虎（ホランギ）が一番位が高いので「ホランガムテ」は虎の敬称でもあります。韓国民俗学の確立者である任晳宰は、一九三三年に「トッケビガムテ」と「キツネガムテ」の話を記録しています。その「トッケビガムテ」は、男が酒に酔って野原に横たわっていると、トッケビがそれを死者だと勘違いして埋葬しようとしますが、眠りから目覚めた男に驚いて、逃げる途中で慌てたトッケビがガムテを落として行きます。男は、この話と同じくガムテを被って悪行を繰り返します。

鄭寅燮の記録した話には、祖先祭祀の行きすぎを批判する皮肉な視線を窺うことができます。

3　金の砧と銀の砧（KT460）

むかし、あるところに兄弟が住んでいた。弟は正直でおとなしく、両親に孝行をつくしたが、兄のほうは乱暴者で親不孝だった。ある日、弟が深い山の中に入って、薪を一束刈ってからしばらく木の陰で休んでいた。ちょうどこの時、目の前に胡桃《くるみ》が一つ落ちてきた。弟はそれを手に取り、「これは父さんにあげよう」と言った。するともう一つ胡桃が落ちてきた。またそれを拾いあげ、「これは母さんにあげよう」と言った。この時、もう一つ胡桃が落ちてきた。「これは兄さんにあげよう」と言ったら、またもう一つ落ちてきた。「これはぼくが食べてもいいだろう」と言ってみんな袋の中に入れた。そして、薪を積んだチゲ（背負い籠）を背負って、家に帰るしたくをした。しかし、気がつかないうちに山の奥まで入ってしまったので、日が暮れて道も見えなくなってしまった。しかたなく、どこか泊るところでもみつけようと思って、あたりを見回すと、ちょうど荒れた辻堂があったので、そこにはいった。弟は夜が明けるまでここで待つことにして、梁の上にのぼってから横になっていた。

夜がだいぶ更けたとき、騒ぐ声がしたかと思うと、辻堂の中にトッケビたちがぞろぞろはいってきた。弟はびっくりしたが、勇気を出してトッケビたちのようすを見張っていた。ずらりと床に並び坐ったトッケビたちが、金の砧と銀の砧を出して床の上を叩きながら、「金が出ろ、ドトン、トントン」「銀が出ろ、ドトン、トントン」と言うと、金銀がたくさん出てきた。梁の上で隠れていた弟はますます恐しくなって、歯がふるえるので胡桃を一つ口に入れて噛んでいた。ところが、胡桃を噛むバリバリッという音が、静かな夜の空気にひびいて、ずい分大きな音が出た。すると、トッケビたちはびっくりして、「そら、家が崩れてきた。大変だ、逃げろ」と、大騒ぎで逃げてしまった。

夜が明けて弟が下に下りてみると、砧とたくさんの金銀が置いてあったので、それをみんな持ち帰り、そしてもう苦労しなくても幸せに暮らせるほどの金持ちになった。砧は金銀だけでなく、なんでも欲しいものがあれば出してくれる魔法の砧だった。

ところで、欲ばりの兄がこの話を耳にして、たまらず弟を訪ねて来た。そして金持ちになれたわけを聞いた。弟は兄の質問に率直に答えて、わけを聞かせてあげた。欲ばりの兄は自分もその富を手に入れたくなって、山の中に入って行った。言われた場所に行って、薪を一束刈ってから、休むふりをしていると、胡桃が落ちてきたので、それを拾いあげ、「これはおれが食べる」と言った。もう一つ胡桃が落ちてきたので「これは、息子にあげなくちゃ」と言った。しばらくたってまた一つ落ちてくると「これは父さんにあげようかな」「これは母さんにあげようかな」と言った。そうしているうちに夜が更けてきたので、弟が言ったとおり捜してみたら、辻堂があったので中にはいって隠れていた。

しばらく待っていると、トッケビたちがはいってきて、砧を出して床を打ちながら、「金が出ろ、ドトン、トントン、銀が出ろ、ドトン、トントン」と言って遊び始めた。兄は、胡桃を一つ出して口に入れた。そして力を込めて噛んだ。すると大きな音がひびいた。ところがどういうわけか、トッケビたちは逃げはしないで、かえって何者かと見回した。それで、結局、兄はトッケビたちにみつかり、つかまってしまった。

「あいつがまた来た。先日はおれたちをだまして金の砧と銀の砧を盗んで行ったが、今度こそひどいめにあわせてやるぞ」と言いながら縛りつけ、砧を叩きながら唱えた。「体が太くなれ、ドトン、トントン」「体が細くなれ、ドトン、トントン」こう言うと、兄の体は太ったり、うなぎのように細くなったりした。このようなことがあってから、兄はすっかり腑抜けになって、善良な弟の世話になって一生を暮らしたという。

また、弟の方はますます富が栄え、有名な金持ちになって、両親と共に幸福に暮らしたということだ。

（一九六八年に慶尚北道金泉市で、林鳳順〔五十八歳・女〕から崔仁鶴が聞く）

【解説】

トッケビは「トッチェビ」「トッカビ」とも呼ばれる韓国の代表的な妖怪で、悪霊と同じく「鬼神」と呼ばれることもあります。

砧を打つ女性たち

砧は、洗濯した着物の皺をのばす道具で、女たちが石や木の台の上で絹や麻の着物を棒（砧棒）で打ち、柔らかく光沢を出して仕上げました。ここで、トッケビが操るのは、この砧棒のことです。

韓国では、小正月の朝に胡桃や栗などの堅果類《けんかるい》を噛み、無病息災を祈願する習慣があります。ここで胡桃を噛んでトッケビを驚かせるのも、こうした魔除けの意味があるのかもしれません。たいへん人気のある話で、各地で語られ、さまざまなヴァリアントがあります。たとえば鄭寅燮が慶尚南道彦陽で聞いた話や崔仁鶴が忠清南道青陽郡で聞いた話では、「トッケビは兄を懲らしめるために男性器を伸ばしてしまい、兄が帰る途中、大雨で川が氾濫したので長い性器を伸ばして橋にすると、人々がその上を渡り始めた。ところが、一人がタバコを吸い終わって灰を落とそうとキセルで橋を叩いたので、兄はあまり熱さに驚いて、性器をひっこめたので人々は川に落ち、岸に上がると兄を袋叩きにした。命からがら兄が帰ってくると、弟は砧を使って長い性器をもとにもどし、兄は反省し、二人は以後仲良く幸せに暮らした」という大話（誇張譚）として語られます。

日本でも、このタイプの話は「地蔵浄土」として各地で語られますが、兄弟譚ではなく「欲張り爺」と「正直爺」が対比される隣の爺型の話になっています。

朝鮮王朝後期の党派争いの激しい時代を生き抜いた西溪朴世堂（一六二九〜一七〇三）の著した『西溪集』巻六に、若い主君・粛宗（一六六一〜一七二〇）に対する忠言として「必將曰魍魎之錐」という言葉が出てきます。その魍魎というのはトッケビの意味で、「錐《きり》」はこの話の「金の砧と銀の砧」と同じ魔法の小槌ではないでしょうか。世堂はこの「錐」について、「神について語る人々は、叩くたびに餅が出て来る魔法の錐について語るが」その錐は現実のものではないと忠告しているのです。

4　瘤取り爺さん（ＫＴ４７６）

むかし、ある村に、片方のほっぺたに大きなこぶをぶら下げたお爺さんが住んでいた。貧しい生活で、毎日山に柴刈りに行くのだが、いつもこぶがじゃまになって、どうしようもなかった。

ある日、いつものように柴刈りに出て、木をいっぱい積んだチゲ（背負子《しょいこ》）をかついで帰って来ようとすると、あまり山奥まで入ってしまったので、日が暮れてしまった。急いで歩いたが途中で暗くなってしまった。これでは道もさがせないと、お爺さんはやむをえずチゲを降ろして、夜が明けるのを待つことにした。

ちょうどそのとき、目の前に火のあかりが見えたので、行ってみたら小屋があって中に人の姿は見えない。そこで、お爺さんは小屋で一晩過ごすことに決め、腰を降ろしていたが、恐しくてたまらない。それで恐しさをまぎらわすために声を出して歌を歌い始めた。

しばらく歌っていると、どこからともなく大勢のトッケビが寄り集まり、お爺さんを囲んで歌を聞き始めた。びっくりしたお爺さんは「もう生きて帰れる望みはない」と思って歌を止めたら、トッケビたちは、「かまわずドンドン歌っておくれ」と大騒ぎであった。

そこでお爺さんは「よし、それでは夜が明けるまで歌おう。もしかすれば生きて帰れるかもしれない」と考え、まえよりももっと心をこめて歌った。

やがて、夜が明けると、トッケビたちは、「もっと聞けないのが残念だな」と言いながら場所を移そうとした。

このとき、頭《かしら》らしいトッケビがお爺さんのそばに近寄って、「爺さんよ、長い時間とてもご苦労だった。そんな美しい声がどうして出せるのか教えてくれないか」と聞いた。お爺さんは、威張りながら、指先でほっぺたのこぶをこすった。「私がよく歌えるのはこのこぶのせいですよ。これさえあれば、どんな歌でもよく歌えますよ」と答えた。頭のトッケビは、自分もお爺さんのように立派に歌いたくなった。それで、「そのこぶをおれにくれないか。もちろん、それに見合った宝物をあげるから」と言った。お爺さんは痛くなければ取ってもかまわないと承知したので、トッケビはそのこぶを取って、代わりにたくさんの宝物をお爺さんにあげて、どこかへ姿を消してしまった。

家にもどって来たお爺さんは、大喜びで、このことを家族や村の人々に聞かせてあげた。ところで、隣り村にもう一人のこぶのあるお爺さんがいた。このお爺さんは自分もこぶを取ってもらうつもりで、前のお爺さんを訪ね、事情をよく聞かせて貰った。そして山の奥にはいっていった。教えられた場所に着くと、お爺さんは一生懸命歌い始めた。夜中になると、やはりトッケビたちが集まって歌を聞いていた。お爺さんは、「よし、おれもこぶが取れるんだな」と思うと、もっと機嫌がよくなって、大きな声で歌った。夜が明ける頃になると、頭のトッケビが声をかけてきた。そして「爺さんよ、どこからそんな素晴しい声が出せるのだい」と言った。お爺さんはまるでその質問を待っていたかのように、「はい、それはもちろんこのこぶ……」とお爺さんの話が終わるや否や、頭トッケビは、「待て待て、この嘘つき爺！　こんどもだまされると思うのかい。この前はだまされて宝物までやってしまったが、こんどこそおまえの番だ。このこぶのせいで、かえって息が切れるようになって、もとの声まで悪くなったんだ。これは必要ないから、おまえにやるよ、持って行け」と言いながら、もう片方のほっぺたにくっつけた。そしてトッケビたちは姿を消してしまった。

こぶを取りに行ったのが、もう一つくっつけられ、両頬にこぶを下げたお爺さんは、泣きそうな顔で村に帰って来た。（一九六八年に慶尚北道金泉市で、林鳳順〔五十八歳・女〕から崔仁鶴が聞く）

【解説】

日本でも人気のある話ですが、フランスを中心にヨーロッパ各地でも伝承されています。こぶを取ってくれるのは、韓国ではトッケビやチャンスン、日本では鬼ですが、ヨーロッパでは小人や妖精です。

夜中に野原を歩いていると妖精たちが歌を歌っているのですが、歌い終わることができません。そこで、その歌に歌詞を付け加えて完成してあげると、妖精はお礼にコブをとってくれるのです。このコブは、日本や韓国の場合は頬のコブですが、ヨーロッパの場合は背中のコブです。

いずれの場合も、コブをとってもらった運のよい人の真似をした人が、もう一つコブをつけられるという「運のいい人」と「悪い人」を対比する話になっています。

アジアの話としては、ベトナムにチャウカウ（trầu cau）という話があります。この話の主人公は女で、二人のこぶのある女のうち優しい方はこぶを取ってもらい、意地の悪い女はこぶをもう一つ付けられるという展開になっています。

5　トッケビの話を盗み聞きする（KT479）

ある所に、他人の家に長い間やとわれて、苦労している若者がいた。若者の父母もまた貧苦と闘っていたが、間もなく二人とも死んでしまった。若者は広い世の中に一人残されて、下男として忠実に働いていたが、ある日、日暮れまで山の中で柴を刈っているうちに、道に迷ってしまって、山中の岩崖の側で夜を過ごすことにした。

するとその夜更《よふけ》に、あたりは静まりかえっているのに、どこからか妙な話声が聞えてきた。「おい、今日はなにか面白い話はないかい」「別にないが、世の中には不思議な事があればあるもんだねえ」「何だい、聞いてやるから話してくれよ。何がそんなに妙なんだい。なにが不思議なのさ」「うん君、そりゃ人間の事だよ。連中は馬鹿だねえ。人間という奴等《やつら》は、実に大馬鹿ものさ。そうじゃないかねえ」「人間がどうしたというんだい。何か変な事でも見てきたんだな」「君、まったく人間は馬鹿者だよ。あの村の事さ。井戸がないので困ってるじゃないか。それでわざわざ遠い所まで水を汲みに行くのだ。そんな無駄な苦労はしなくっても、奴等の村の真ん中に大きな柳の木が立っているじゃないか。その木の根元を掘れば、いくらでも水は出てくるのに、なんとまあ人間という奴等は馬鹿なんだろう」

「たしかに、そう言えばそうだが、あの金《キム》という老人はほんとに愚かだよ。あんなに貧乏しなくてもよいものを。君も知っているだろうが、あいつの台所の温突《オンドル》の焚口に宝物が隠されているのに、ちっとも知らないんだ。灰の下を五尺くらい掘れば甕が出て来て、その中にお金がたくさんあるなんていうことを奴は全く知らないんだ」

「うん、それもそうだが、もう一つ奴等の馬鹿なことはあの金持のお嬢さまが病気であんなに苦しんでいるが、その病気にいくら薬をつかったって到底なおりゃしないよ。奴の庭に松の薪を山ほど積んでいるだろう。その下の恐ろしく大きな蜈蚣《むかで》が毒気を出しているんだ。それを知らずに薬ばかり使っているが、よっぽど人間の頭はどうかしているんだね。病気がなおるには、油を釜で煮立ててそこに蜈蚣をぶち込めばいいんだが」

こんな風に問答をした後その声が再び静まりかえった。それは、トッケビだった。

翌朝、若者は早く起きて、主人の家にも帰らずに、トッケビたちが話していた井戸のない村に馳けつけた。行ってみると朝飯の支度のために遠くまで水汲みに出かける女たちの苦労が如何《いか》にも気の毒だった。

すぐ村長の所に行って、井戸についていろいろ話をした。

「たしかに困ったものです。いくら掘っても水が出ないものですから、どうしたらいいか毎日心配しています」と村長は言った。

「実は、私がなにかお役に立てそうです。村の真ん中に井戸を掘りましょう。それには人夫が少々必要なのですが、いかがですか。それがうまくいったら、百両都合してくださいませんか」と若者は自信ありげに言った。

村長は、井戸を掘ってくれると聞いてすぐに百両を先払いしてくれた。人夫には村人を総動員することにして、さっそく村人を村の中央にある柳の下に集めた。そして、すぐその木の根元を掘ることにした。村人が土を掘り進めると、やがて柳の根が掘り起こされ、その下から清い水がこんこんと湧きだしたので、村人は大喜びして若者に厚く礼をのべた。

それから、若者は金老人の所に行って、「もしもし、あなたの家は見る通り屋根の上に草が繁っているし、軒も大分崩れかかっています。どうです、私に売ってくれませんか」と尋ねた。老人は今まで家を売ろうと思っても買手がなかったので、若者の言葉を聞いて大喜びして、その場で売買がすんだ。老人は五十両といったが、若者は百両を渡してやった。老人は百両を貰って非常に喜んだ。

若者は大喜びで、鍬をかりてきて台所の火焚き口から灰をかき出し、三、四尺掘り、そこからは鍬の端にあたって甕が砕かれるといけないので両手で掘り進めた。そして五尺くらい掘ったところで指先に固い物が触れた。そこには水甕が伏せてあった。それを起こすと、思った通り莫大な金銀が入っていた。

こうして若者は金持ちになり、人々は老人を嘲《あざけ》ったが、老人は百両で満足していた。

若者は、その日の夕方、娘が病気のため苦しんでいるという金持ちの家に向かった。すると、門口に入る前から泣き声が聞こえ、往来に多くの人がいて、医者らしい人々も忙しく出入していた。

若者が主人に面会を求めると、悲しげな色を顔に浮かべた主人が迎え入れた。若者は泰然と坐って、「実は、あなたの家に何か不思議な病《やまい》に苦しむ人がいると聞いて、私の力で癒してみたいと思ってきたのです。私は信ずる所もありますので、必ずご希望通りお嬢さまの病を治してあげます」と自信ありげに言った。

主人は夢から覚めた人のように、「それはそれは、ありがとうございます。ではどうかご試薬をお願い致します。私の力でできることなら何でも致します。もちろん、私の財産を差し出すことも厭《いと》いません」と嬉しがった。

若者が、「ご主人さま、私はまだ未婚です。お嬢さまと結婚の約束を致します事ができますならば」と言いかけると、その言葉がまだ終わらないうちに、主人は「はいはい、承知致しました。およばずながら、娘を一生あなたにお預け致します。どうか早く娘の病気を癒してやってください。お願いです」と答えた。

若者は、主人に人夫数十名の手配を頼み、庭に釜を備えて油を沸かさせた。人夫たちは若者の命令に従って、松の木の下に山のように積み上げた薪を取りのぞき始めた。若者は、大きな釘抜を持って、油の沸く釜の側に立っていた。しばらくして松の木の下の薪がほとんど取り除かれたと思うと、棒のように太った黄褐色の蜈蚣《むかで》がそこから這い出した。若者はすばやく釘抜でそれを鋏んで、沸いている油の中に投げ込んだ。

その時、家の内で令嬢が苦しそうな叫びを上げたが、すぐよくなって、夢から覚めたような眼をしてほほ笑《え》んだ。蜈蚣は死に、病気は全治したのである。そこで若者はその家の養子になった。

この事実を聞いた一人の友人がその後訪ねてきた。友人は、若者と幼い時からの旧友であったが、いたって不実な人であった。しかし、友人が成功の秘訣を尋ねるので、若者はやむを得ず彼に自分の経験を話してやった。

友人は、若者がトッケビの話を聞いた例の岩崖へと辿りついた。すると、若者から聞いた通り真夜中にトッケビ達の声が聞こえた。

「おい君！　あの子どもは成功したね。僕等の話していたのを聞いたんだよ。まあよかった。忠実な人だったからね。しかし、人間というやつは、こうしてみると油断のできない者だねえ」「そうそう。でもどうせ奴等の知恵は知れたものだよ。利口だけれども、よく失敗するものだよ」「そうかも知れん。だがねえ君、あの運のよい若者が住んでいた村の奴で、相当の金持ちがいるね。村に瓦葺の大屋敷があるだろう。その東南の端を支えている大きな柱の敷石のすぐ下に大金のあるのを知っているか」「うん、知っているさ。だが奴はそれを知らないんだよ。人間という奴どもは馬鹿だからなあ」

それから、夜は静まりかえった。これを聞いていた友人は自分の家のことであると思ってさっそく夜中に帰って来た。父母にも告げずに、夜中に東南の大きな柱の下を掘り始めた。父母はびっくりして、盗賊だと思って彼を捕らえた。よく見ると息子であった。息子は狂人のようになって、「いやここに大金が出るのですからまあ待ってください。放してください」と言いながら無理に掘り進めた。父母もわけが知らずただ見ていた。

二、三尺掘ると、なにか鍬の端にこつんと当たるものがあった。「これだ」と思って「さあこれだ、お父上さま、お母上さま」彼はそいつを引っくりかえそうと努力したが、なかなかできない。両親もその気になって手助けをしたが動かない。門口の室でねていた下男を起こして、皆で一緒にそれを引っくりかえした。その時、柱は倒れ、家は崩れた。そして皆は潰《つぶ》されて死んでしまった。

それは、柱を支えるために埋めてあった敷石であった。

（一九一五年に慶尚南道彦陽で、呉碩根から鄭寅燮が聞く）

【解説】

若者がトッケビの話を聞いて、村の井戸を掘り当て、貧しい家の火焚き口から金を掘り出し、娘の病を癒して、幸せをつかむ話です。鄭寅燮（一九〇五～八三）は、この話を慶尚南道彦陽で呉碩根から聞き、早稲田大学留学中の一九二七年に刊行した優れた韓国・朝鮮昔話集『温突夜話』に収めました。『温突夜話』は、沈宜麟の『朝鮮童話大集』（一九二六）や孫晋泰の『朝鮮民譚集』（一九三〇）とならぶ韓国昔話集の嚆矢《こうし》です。

この話の類話は日本でも、気のよい若者が狐などを助けた礼に鳥たちの話を聞き分ける不思議な頭巾を授かり娘の病を癒す「聴耳頭巾」としてよく知られています。

娘の病の原因は、韓国の話では積み上げた薪の下に潜むムカデですが、日本の場合にも、門の下に閉じ込められた蛇とガマだという語りがあります。

いずれの場合も、トッケビや鳥などの異類が、人間の知らない秘密を知っていて、たまたまそれを盗み聞いた者が幸せをつかむ話です。

6　雌雄のトッケビ（KT537）

話は、いつも田舎が舞台になる方がおもしろい。

若い頃は非常に貧乏だったが、中年からになってから暮らし向きがよくなり、そこそこ豊かに暮らすようになったソンビがいた。育ちが育ちだから、まったく浮気を知らない。

ある時、七月の末頃、作物のできを見ながら畑に出てみると、農夫たちがソンビを酒幕《チュマク》（飲み屋）に誘った。「一文でも金ができたら、手に汗が出るほど握って放してはいけない」と思い込んできたソンビが、飲めない酒を何杯か飲むと、色白で器量のよい酒幕の女主人がしきりと笑って愛想を振りながら世話をする。ソンビも男だから目が潤んできて、その気になる。夕日が暮れる頃、酒幕の女将《おかみ》が耳元でささやいた。

「ソンビさま、今夜はどこでお休みになりますか」「どこで寝るかって、舎廊房《サランバン》で一人で寝るにきまっている。なぜだ」「私があとから忍んで行ってもいいですか」「何だって。そうか、そうか、来なさい。寝ないで待っているから」

ソンビは、家に帰ると、夕飯もそこそこに今夜のことを考えながら舎廊房に籠って、一人座っていると、眠気がさしてきた。

「寝てはいけない。こういう日に限って、どうしてこんなに眠いのだ」。そうこうするうちに足音がする。「よし、きたな」と思ったら、扉を開けて入ってきた奴は、背がやたらと高い。見ると、義理の叔父が泥まみれで入り込んで来たではないか。

「俺はちょっと寝ていく」「ここでは寝られません」「寝られないとは、どういうことだ」

ソンビは、正直に話すわけないので、とっさに「トッケビが出ます」と言った。

「トッケビだって、そんなものは大丈夫だ。トッケビと仲良くなれば、金持ちになれるって言うじゃないか」。叔父は、木枕を持ってきて枕にすると、すぐグウグウいびきをかきはじめた。「いますぐ殺してやりたい」ところだが、そうもいかない。

「まったく、ことをぶちこわしやがって。ちょうどいいところなのに」と独り言を言いながら内房《アンバン》（主婦の部屋）にもどり、妻の隣に横になっても眠られるわけがない。天井を眺めて、目だけをパチパチさせている。

そこに、酒幕の女将がやって来た。舎廊坊の前を見ると、男の履物が一つだけだ。「この両班は待ちきれず、寝てしまったのだな。なんて大きな鼾《いびき》だこと」

音を立てずに入ってみると、星の光ですぐ分かった。驚かしてやろうと胸の上に乗ってうつ伏せになり、両手で顔をなでおろした。

「何だ、どうした」と怒鳴る声がするが、ソンビとは違う。

女将は「おや、間違えてしまった」と怖くなって、戸を閉めて外に走り出た。追っかけてくるような気がして、履物を履く暇もなく持ち出して、おもてで履いてみると、船のように大きい男物の履物だった。引き返して履き替えるのも恐ろしいので、そのまま引きずって、がっかりして帰ってしまった。

ちょうどその頃、それまでまんじりともせず横になっていた主人のソンビが、外のようすが気になって、舎廊房に来てみると、女の履物が置かれている。

「そうだ。きっと叔父さんは目が覚めて、家が気になって帰ってしまい、女が一人で来て、俺が来るのを待って横になっているのだな。かわいい奴め」

ソンビが音を立てずに戸を開けて入って、うつ伏せになって冷たい手で顔をさっと触ってみると、髭づらではないか。

「おっと、またどうしたことだ」。それは、叔父さんの声だった。正体がばれたら大変だ。
ソンビは、戸を蹴飛ばして飛び出して、姿をくらました。
「こんなはずじゃ、なかったのに」。
ソンビは、朝方、少し寝たが家族に起こされて舎廊房に行くと、叔父さんが布団を畳んでいた。
「この舎廊房はだめだね。どうしてトッケビが一度でなく、二度も出るんだ。しかも、一度目は雌で、二度目は雄だったな」

（一九六五年に京畿道広州で、李勲鐘が記録）

【解説】

トッケビは、時には恐ろしい力を発揮する妖怪です。しかし勇気をもって対処すると、莫大な金銀を与えてくれることもあります。この話に登場する叔父は、酒に酔っていたこともあり、トッケビを恐れません。

話の展開に欠かせない酒幕は、宿屋と酒屋をかねた店で、村の外れや街道にありました。儒教の厳しい倫理に守られた両班の世界では、自宅で女たちが男と酒席をともにして酌をしたりすることはありません。酒の接待は公的な妓生か、酒幕の女か行商人の女に限られていました。この話の主人公のソンビは、田舎暮らしをしながら、学問一筋に生きて来たので、そういう男たちの遊びの世界のルールを知らなかったために、笑いのタネにされてしまったのでしょう。

この話のもう一つの舞台は舎廊房《サランバン》です。舎廊房は、男たちの領域で、一般に主人はここで寝起きし、食事をとり日常を過ごします。そして必要な時にだけ主婦の部屋（内房《アンバン》）に泊りに行く「通い婚」の生活を送ります。

この夜、両班は舎廊房を叔父に占領されてしまったので、やむなく妻の暮らす内房に移ったのです。ここにも、韓国の伝統社会の男たちの笑いのタネが用意されています。

朝鮮王朝初期の文臣である姜希孟（一四二四～一四八三）の著した『村談解頤』には、「正体不明の棒が居合わせた老若男女に悪戯をしたが、よく見ると頭髪を総角（チョンガー・独身男）に結った男の姿が見えた。これは雄トッケビに間違いない」という話が見えます。『村談解頤』を含む朝鮮王朝の笑話を編集した十九世紀の『古今笑叢』にも、「ある夜、未亡人が一人で部屋に座っているとトッケビがチョンガー姿で現れて、ことが済むとトッケビにもどって姿を消したという話があります。

ほかにも、道に迷った若者が雄トッケビに出会って財宝を手に入れるような話もありますが、雌雄のトッケビは男女関係にまつわる笑話に登場することが多いようです。

7　トッケビと争った男（ＫＴ７５０）

　ある日、崔根植という若者が市に出かけ、夜遅く家に帰って来るところであった。しばらく歩いていたが大きな巨人のような者が目の前に現れた。

「おまえさん、市に行って来たのか」と巨人は聞いた。びっくりした若者は、「そうだけれど、あんたは一体誰か」と反問すると巨人はそれには答えず、

「久しぶりだから、相撲《すもう》でもとろうではないか」と言うと大きな手を伸ばし、若者を引っ張った。若者が、「いやだ、面識もないおまえなんかと相撲をとる気はない」と断ってもしようがなかった。巨人はすでに相撲を取る格好をしていた。やむをえず若者は相手になった。

　ところで巨人は力も強いし上背も大きいので、若者には比べものにならなかった。それで最初は若者が下敷きになった。「これに負けたらおれは死ぬかも知れん」と思った若者は、たとえ巨人でも、負けるもんかと力をこめて相撲をとった。はじめのうちこそ若者が巨人におされていたが、しだいに巨人は疲れてきた。若者は巨人を押し倒した。こうして相撲の勝負を争って数時間が過ぎた。

　やがて若者は巨人を倒して、再び起きあがることができないほどなぐったりけったりした。そ

れから急いで村に帰って来た若者は、友達を呼び集め、「俺は大きな巨人をやっつけたのだ」と大声でどなった。

友達は信じなかった。

若者が「行って確認してみろ」と自信たっぷりいうので、友達は松明を持って、彼が巨人を倒したという場所に行って見た。すると、そこには巨人どころか人間らしき者はいず、ただ竹の根元に、古くなって使えない殻竿《からざお》が一竿おいてあった。さらにその殻竿の穴には小さな棒が差し込まれていた。

この若者は殻竿がトッケビになったものに化かされたのであった。

（一九七三年五月に忠清南道青陽郡で、金東洙から崔仁鶴が聞く）

【解説】

トッケビは、鬼神とともに韓国を代表する妖怪ですが、鬼神が怨みを残したままあの世に行くことができない死者であるのに対して、トッケビは人間とは違った存在で、この話のように遺棄された古い箒などの使い古しの道具に起源することが少なくありません。

日本の場合には、室町時代から江戸時代にかけて絵草紙などで妖怪が好んで形象化される過程で、鬼、河童、天狗、山姥、天邪鬼《あまのじゃく》など、さまざまに分化し、人々の間に目に見える形で流布していったのに対し、朝鮮王朝時代には、トッケビや鬼神が画像等によって具体的に示されることはなく、ただ話にしたがって多様な性格を示すにとどまりました。

この話のようにトッケビが相撲（シルム）を挑む巨人とされるのは、妖怪でありながら力が強く、農作業をよくし、豊かさを象徴する神的な存在でもあることを意味します。韓国の農村では、今もシルム大会が開かれて、勝者に牛が与えられたりします。

日本では相撲を挑む妖怪の話には、河童や天狗が多く登場します。

韓国のトッケビは、正体が使い古された道具とされることが少なくありませんが、日本の場合にも箒、木槌、傘、草履などの「それまで便利に使っていながら、役に立たなくなったので遺棄された道具」が「付喪神《つくもがみ》」と呼ばれ、妖怪となることがよく知られています。

8　漁師とトッケビ

8－1　トッケビと餅《トック》（KT750・1）

黄海南道の載寧郡の南芝里で暮していた人が、川で網を打って魚を捕っていると、トッケビが人の顔をして出てきて「餅《トック》を甑《こしき》一つ蒸してくれれば、魚を網にたくさん追い込んでやる」と言ったので、餅を用意したら、魚をたくさん追い込んでくれた。

あくる日、また魚をとり行くと、トッケビが現れ「餅を持ってきたか」と聞いた。「忘れて持ってこなかった」と言ったが、また網に魚を追い込んでくれた。

三日目も「また忘れた」と言うと、トッケビは黙って「追い込んでやるから網をかけろ」というと、人の骨や犬の骨をたくさん追いこんだ。その人は、それをすべて投げ捨てて、網をつかんで逃げた。

五里ほどの道をトッケビが追いかけてきて、「この野郎、その口でうそを吐いたから、口が歪んでしまえ」と怒鳴った。その人が、次の日、起きてみると、本当に口が歪んでいた。そして、飯も食えなかった。

人は、本当に愚かなものだ。それが、人というものだ。

（一九七六年十月二十二日に忠清北道水同郡上村面弓村で、梁善五〔七十四歳・女〕から曺喜雄が聞く）

8―2　カニとトッケビ

私が十八の時、雨が降りだすと海辺にはカニがとても多く集まってきた。ある晩、おじと一緒に海辺にカニとりに出かけた。しばらくカニを拾い、籠に入れていると、どこからともなくチチという音がした。おじは、それがトッケビだという。間もなくしてトッケビは暴れまわり海辺を汚したばかりか、燈火《ともしび》の光まで消してしまった。周囲は真っ暗で何一つ見えなかった。

この時おじは大声で「水底の金書房《キムソバン》、カニ料理と、蕎麦の粉でこしらえた餅（ムック）を御馳走するから、もう悪戯はやめてくれたまえ」とどなった。すると騒音は急にやんだ。しばらくすると、どこからやって来たのかカニがいっぱい集まってきたので思う存分拾った。翌日は約束通り御馳走を供えた。それからはカニをたくさんとることができた。

（一九七八年に全羅南道扶安で、柳炳泰から崔仁鶴が聞く）

8―3　トッケビを祀る

トッケビを大切に遇すると、魚が多くとれるという。それはトッケビが魚の群れを追い込んでくれるからである。

むかし、オドゥンゲ（旧左面杏源里）に住んでいたある漁師が、魚が一向にとれないので、トッケビを祀ることにした。しかし、この漁師はトッケビを祀っても、そんなに長く祀るべきではないので、ある程度の貯えができたら、トッケビを追い出してしまおうと心に決めていた。トッケビという奴は、大事に遇してやると金持ちにしてくれるが、少しでも粗末に扱うと、家を滅ぼしてしまう奴だったからである。

ある日、漁師はトッケビのいるといわれるところに出かけた。真夜中に、村でトッケビがよく出るというところに行き、トッケビと約束を交わした。

「令監《ヨンガム》、令監、ご幸運をもたらしてくれたらモロコシのポンボク（粉を混ぜて炊いた食べ物）を上げましょう」と言って、モロコシのポンボクを捧げて家に引き返した。トッケビはモロコシのポンボクが大好きだからである。すると意外なほど魚が多くとれた。

漁師は、毎日毎日、モロコシのポンボクを作ってトッケビに捧げ、大金持ちにしてくれるように祈った。連日の大漁で、漁師は瞬く間に大金持ちになった。

ありあまるほど金が貯まると、漁師は「もうトッケビの力を借りる必要もない」と思い、モロコシのポンボクを持って行くのを中止した。

ところが、トッケビが夢の中に現れた。「おれは、あんなにお前を助けてやったのに、モロコシのポンボクをくれると約束しておきながら、なぜ持って来なくなったのか」と言うのであった。漁師はこの時、トッケビとの関係をきっぱりと切ってしまわなければ、と思った。

翌日の朝、漁師は柳の棍棒をかついで、トッケビが出る山へ再び出かけて行った。「やいこら、お前はなんで昨晩、おれの家まで来たんだ。もう一度来てみろ、生かしてはおかないぞ」と大声でわめきながら。漁師は柳の棍棒で山のあちこちを打ち付けていった。そして「やいこら、この糞でも食らえ」と言って、糞をひり、家に引き返した。

ところが、家に帰って来ると、自分の家がボウボウと燃えていたという。この火はトッケビがつけたのだった。

（一九七五年二月十七日に済州島旧左面漢東里で、許述男から玄容駿が聞く）

【解説】

最初の話は、一九六七年十月二十二日に忠清北道永同郡上村面弓村で梁善五が曺喜雄に語った話ですが、漁師がトッケビに餅をやって大切にすると大漁になり、それを怠ると酷い目にあって口が曲がってしまいます。

崔仁鶴が全羅南道扶安で聞いた二つ目の話でも、漁師がトッケビにカニ料理とムックを供えるとカニがたくさんとれます。

これと大変よく似た話が、日本の沖縄にも多く伝えられています。沖縄の場合には、トッケビの代わりにキジムナーという妖怪がいて、キジムナーと一緒に漁に出ると大漁になりますが、キジムナーと縁を切ろうとすると酷《ひど》い目にあいます。

沖縄では、特にキジムナーが復讐のために家に火をつけるという類話が多く、これは玄容駿が済州島で記録した三つ目の話と酷似しています。

崔仁鶴は、扶安で聞いた話について、「扶安邑内にはトッケビを家の中に奉っている家がある。トッケビはつねに移り気なので奉る人も気をつけてやらないと、すぐに悪戯をするという」と記した上で、「済州島を初め、南海岸一帯の漁村ではトッケビを財宝神と同様に扱い、例えば令監《ヨンガム》とか参奉《サンボン》というような敬称で呼びかけ、人格化して丁寧に奉る」という張壽根の考え（『韓国の郷土信仰』）を紹介しています。

「朝鮮王朝の時代になり儒教が支配的になると〈怪力乱神〉を語る文化が否定され、多くの伝統的物語記録が消失しましたが、漁労が盛んな地域ではトッケビを神として遇する信仰が残された」のだと思われます。

日本の沖縄南部にも、トッケビの場合と同じく、キジムナーを神として祀る例が、わずかですが残されています。

トッケビとキジムナーという妖怪が、時として人間に富をもたらし、それゆえに神として祀られることもあるという指摘は、人間と妖怪との交渉を考える上できわめて貴重であると思われます。

9　トッケビが築いた堰（KT750・2）

忠清北道の清州《チョンジュ》には、チゲ岩の堰野（井堰を利用して農作業をする田）がある。堰野の田んぼは数百石の広さだが、その井堰の修理には毎年金がたくさんかかっていた。

ところで、ある老人が、野原で印鑑を見つけた。いったい何の役に立つのか分からない。あまりにも不思議なので、その老人はそれを拾って持ってきた。するとその日の夕方、トッケビたちが、何十人もやって来て、「その印鑑は、自分たちが無くしたものです。儒生さま（老人に対する尊称）、どうぞ返してください」と何度も頼んだ。「儒生さまが望むことを、何でも私たちが叶えて差し上げますからお願いします。それは私たちが無くしたものですから、どうか返してくださ
い」と繰り返す。

そこで老人が、「お前たちに一つだけ頼みたいことがある。この野の井堰を修理しようとすると、毎年金がたくさんかかるだけでなく、ひどく苦労する。お前らは器用だというから、この井堰を、ちょっと修理して塞いでくれないか。そうすれば、印鑑を返してやろう」というと、トッケビは「そうですか、井堰を修理して塞げば印鑑を返してくれるのですか」と言って引き揚げた。

そしてある日、夕方、老人が部屋でじっと見ていると、火がピカッと光って、川辺が大騒ぎになった。そしてその次の日、トッケビが来て井堰の壊れたところを全部修理して、塞いだから印鑑を返してほしいと言った。

老人は、「俺が行ってこの目で確かめないことには、印鑑を返すわけにはいかん」と言って、井堰に行ってみると、トッケビが砂をさっとかき集めて、子どもらがいたずらするように修理していた。

「これで堰は切れないか、大丈夫か」と聞くと、「心配なさらなくても大丈夫です。切れません」と言うので、印鑑を返してやったそうだ。

その後は、いくら梅雨で激しい雨になっても井堰はきれなかったという話がある。トッケビたちの技でね。トッケビもそうやって奥の手を使うことがあるようだ。

（一九七四年に忠清北道清州で、金グンチョル〔六十五歳男〕から崔雲植が聞く）

【解説】

この話は、『三国遺事』の「鼻荊郎」の話の類話です。三国遺事の話の場合は橋を築くのは鬼神ですが、こちらの話ではトッケビで、韓国の人々にとって鬼神とトッケビがいかに親縁性の高いものかが分かります。

この話の類話を、崔仁鶴もまた慶尚北道青松郡で一九六八年に記録していますから、「鼻荊郎」の話が韓国の人たちの間に深く浸透し愛されていることが知られます。

朝鮮王朝時代に支配的な文化となった儒教を取り払って、民間信仰の世界に分け入《わい》るとトッケビの神聖な力に対する庶民の畏怖がきわめて強いことが分かります。実はトッケビは人の間近に棲み人と共存し、子どものトッケビ、美しい女トッケビ、身分の高い大監トッケビなどの姿をとり、人と同じ行いをします。その性格も貪欲で意地悪いこともありますが、人が真心を尽くせば福と富を与え、裏切れば災いや病を起こし、死に至らしめることも辞さない〈両義的な存在〉なのです。

10　美女に化けるトッケビ（K750）

むかし、一人の若者が用があって、夜道を行くことになった。巨木が鬱蒼《うっそう》と茂って気味が悪いうえに、星も見えない真暗やみだった。若者は恐る恐る山道をたどっていたが、峠にさしかかると、突然この世の人とは思われないほどのきれいな女が現われたので、若者はすっかり惚れこんで、用事も忘れて美人と一晩を過ごした。

そうするうちに、やかましい音で目を覚ますと、もう夜明けで、東の空が白みはじめ、美人といっしょにいたはずなのに、どうしたことか、橋の下で古箒をだいている自分に気がついてびっくりした。若者があたりを見わたしても、美人は見当たらないし、やかましい音は、橋の上を渡る車の音であったそうである。

（任東権著『朝鮮の民俗』より）

【解説】

これは、任東権が『朝鮮の民俗』（一九六九）の「トッカビ」の項で紹介した話です。

韓国の民話の聞き取り調査は、『韓国口碑文学大系』の編纂事業のような大規模な国家プロジェクトによる調査が大きな成果を上げていますが、その一方で民話研究者による個人的な昔語りの聞き取り調査が少ないのが特徴です。この話を記録した任東権は、こうした状況のなかで全国各地で幅広く民話の聞き取りを行った優れた研究者です。

この話で、語り手は「美女に変身したのがトッケビである」とは一言も言っていませんが、美女の正体はおなじみの「古箒」ですから、おそらく聞き手の任東権がトッカビ（トッケビ）の話を所望したところ、語り手がこの話を聞かせてくれたのだと思います。

任東権と同じく民話の優れた記録者である崔仁鶴も「一九六〇年代に、ある村で山道を自転車に乗って行ったおじさんが女と出会い、女が「村まで乗せてくれ」というので、自転車の後ろに乗せて村に入って後ろを振りむくと女の姿はなく代わりに箒が乗っていた」という世間話を記録しています。

11　賢い金持ちと愚かなトッケビ（ＫＴ７５０）

昔ある所にけちんぼうな金持ち親爺《おやじ》がいた。近所の貧しい者が、いくら願っても金を貸した例が一度もないので、隣からいつも後ろ指をさされていた。

ある夏の夜、窓を開けて涼んでいると、髪の毛をぼうぼうとはやした若者が通りかかって「五十両ばかり貸して欲しい」と頼んだ。けちんぼう親爺も、この時は何を思ったか快く貸してやった。もちろん相手が誰だか分《わ》からぬままだった。

するとがその翌晩、その若者が窓の下に来て「はい五十両返します」といって、金を差し出した。親爺は気持ちよく受け取った。ところが、どうしたことか、その若者はそれから毎晩訪ねて来て五十両ずつ返して行った。

けちんぼう親爺は、ますます金持ちになり、うれしくてたまらなかった。それである日妻子を呼んで、ますます金持ちになったいきさつを話してやった。ところが、ちょうどその時に、若者が外を通りかかり、親爺の話を漏れ聞いてしまった。若者は良く考えてみると、一度返せばよいものを、健忘症のせいで毎日返し、自分の財産はぐっと減り、けちんぼ親父がますます金持ちになったことを知った。

若者は、実はトッカビ（トッケビ）で、たいそうくやしがった。そして早速《さっそく》うちにかえり、トッカビ仲間を集め、経緯を説明した。トッカビはみんなくやしがって、財産を取りもどすことにした。

その夜、けちんぼう親父の田んぼに、幾百ものトッカビたちが集まって、田んぼの土を掘り返して、石を持って来て積み重ね、棒杭を打ち込んで、作物ができないように邪魔をした。

けちんぼう親爺は困ってしまったが、ふと妙案が思い浮かんだ。親爺は、たんぼに出ると、「棒杭は打ったたし、石も積み重ねたから、これで洪水も平気だし安心した。トッカビはよいことをしたものだ」とほめた。そして「トッカビが石のかわりに、牛や犬の糞を入れたなら、きたなくて仕事もできなかったのに、まあ助かった」と、何度もくりかえして家に帰った。

その晩にトッカビたちはまた集まった。けちんぼう親爺を困らせるために石を積み棒杭を打ったのに、喜ばせてしまったのは大失敗だと考えた。そこで、今度は親父のよろこばぬ犬の糞や牛の糞を集めて、山ほど積んで置いた。

それを見たけちんぼ親爺はたんぼに出て「困った、困った」と嘆いてみせた。

トッカビたちは、親が嘆くのを見て「仕返しは済んだから、これでよい」とみんな去って行った。犬や牛の糞のおかげで、けちんぼう親爺の田んぼは作物がよくみのり、親爺はますます金持ちになったという話だ。


（任東権著『朝鮮の民俗』より）


【解説】

これもまた、任東権が『朝鮮の民俗』（一九六九）の「トッカビ」の項で紹介した話です。

この話は、依田千百子がトッケビについて指摘した「意地悪でいたずら好きなくせに、みょうに義理堅く、ときには人に同情する優しい性格を持ち、嫉妬深いくせに、単純で忘れっぽい」という性格をよく表しています。

質《たち》の悪い親爺から借りた金を律儀に返済した上に、返したことを忘れて毎日返済を続け、その事実を知ると復讐心に燃えますが、今度もまた狡猾な親爺の悪知恵にひっかかって、復讐どころか親爺の蓄財を助けてしまいます。

この後半部分は、日本民話や落語で知られた「田之久《たのきゅう》」で、主人公が知恵を働かせて煙草のヤニを嫌う大蛇を騙し、復讐にやって来た大蛇から大金を手に入れる話とよく似ています。

Ⅲ　蛇・青大将（クロンギ）・龍・イムギ

1　夜来者―夜訪れる若者―（ＫＴ２０１）

むかし、ある長者の家に息子がおらず、娘だけがいた。そこに夜になるとどこからか、姿形の良い美男子が娘の部屋の障子戸から入ってきて、ニワトリが鳴く前にまた消えていくようになった。不思議なことに男の体には体温がなかった。

父親は、娘の立ち居振る舞いがおかしいと感じて、夜中にこっそりと娘の部屋を覗いてみた。すると、果たして予想どおり窓の障子におかしな男の影が映っている。次の日、娘を呼んで厳しく問いただすと、娘は自分の身に起こっていることを、素直に話した。

父親は娘に「そうか、それなら今夜もきっとその男が来るだろうから、絹糸を一束準備して、糸の先を針に通して、そいつの襟首に刺しておきなさい」と教えた。

そしてその晩、男は現れた。娘は父親の言いつけどおりに男の襟首に針を刺した。

男は針を刺されるやいなや、驚いて逃走した。

そして次の朝、糸を辿っていくと、裏山の大きな洞穴に大きなイムギ（大蛇）が一匹、鱗に針を刺されて死んでいた。鉄は蛇の敵であり、たとえ小さな針に刺されても、大きな蛇も死んでしまうものだ。

（一九二三年十一月に慶尚南道東萊郡亀浦で、朴氏夫人から孫晋泰が聞く）

【解説】

ここで娘のところに通う「イムギ」は、龍になることを願いながら、願いを果たすことができずに水中や洞窟に住むという伝説の大蛇のことです。この話は、『三国遺事』巻二に後百済王の甄萱《ケンケン》の誕生譚として記録されている話と同型で、韓国各地で、昔話としてよりも英雄伝説として多く伝承されています。

孫晋泰はこれを一九二三年に慶尚南道東萊で朴氏の夫人から聞きましたが、そのほかにも二つの類話を記録しています。そのうちの咸鏡南道定平で聞いた話は高麗の崔冲、あるいは新羅の崔致遠という傑出した人物の誕生譚に結びついています。

日本の場合も、この話と同じ型の「蛇婿入」が各地で語られており、古事記や日本書紀にも同型の三輪山神話が記録されています。

古事記や日本書紀の場合には、蛇と結ばれることで生まれた子の子孫・オオタタネコが崇神天皇の御代に疫病をおさえたとされていますから、そこから韓国と日本の神話的な思考の深い関係が窺われます。

2　青大将《クロンギ》の新郎（KT200）

むかし、とてもむかし、あるところに年をとった夫婦が住んでいた。

この夫婦には子どもがいなかったので、いつも淋しく暮らしていた。妻は年をとり、子どもを持つことができなかったが、心の中ではいつも子どもが欲しいと願っていた。妻は「私が子どもを産めなくて、本当にすみません」と言いながら、心の中で「青大将でもいいから子どもが欲しい」と切実に願った。

すると妻のこの願いがかない、本当に子どもを授かり月満ちて出産した。ところが、その子は人間ではなくて、青大将（クロンギ）だった。母親は人に見られるのを憚《はばか》って、青大将を甕の中に入れて蓋をかぶせておいた。

ある日、隣に住んでいる長者の三人娘が噂を聞きつけて子どもを見に来た。

「おばさん、おばさん。子どもを産んだと聞きましたが、どのくらいよい姿をしているかちょっと見せて下さい」

母親は恥ずかしかったけれど、どうしようもないので「その甕の中にいるから行ってみなさい」と言った。

長者の長女が蓋を開けてみると、「いやねえ、おばさん。気味の悪い青大将を産んだのね」と言って、蓋をばたんと閉めて帰った。

次女も同じようにして帰った。

しかし長者の三番目の娘は蓋を開けて見て、「クロンドンドン・シン・ソンビ（クロンギの中ソンビ）を産んだんだのね」と蓋を静かに閉めて帰った。

その後、何年か過ぎたある日、青大将は母親に「お母さん、私も嫁取りをしますので、新婦を選んで下さい」言った。

母親はあっけにとられ、「青大将息子のところに嫁に来るような娘が、この世のどこにいるか」と思って目の前が暗くなった。

しかし青大将の息子は、母親の思いをよそに、「どうして黙っているのですか。私にだって、嫁に来たいという娘はいますよ」としきりに頼んだ。母親が「本当に情けないね。自分の立場も少しは考えなさい」というと、「お母さん、私がどうしたと言うんです。私は隣の長者の家の三番目の娘と結婚しますから、行って娘の気持ちを聞いてきてください」と言う。

息子のこの言葉を聞いて母親は唖然として、「お前は気でも違ったのかい。あの長者が、どんな家柄だと思ってるんだい。二度とそんなことを言うんじゃないよ」とたしなめた。

しかし青大将息子は頑《かたく》なに、自分の立場を省みることなく、「お母さん、私の話を聞いてくれないなら、私は右手に刀を持って、左手に火を持って、お母さん腹の中にもどります」と駄々をこねた。

この言葉を聞いた母親は、仕方なく長者の家を訪ねたが、長者の門の前に立つと、中に入る勇気がなかった。どうしようかと迷っていると、ちょうど主人が家に帰って来て、母親の姿を見つけた。

「何の用ですか。何か用事があるようだが、どうして門の外でうろうろしているのですか」

「はい、はい」と母親はお辞儀ばかりをしていたが、勇気を出して主人について家の中に入った。

長者が、「さあ、私の家に来た目的を話してください」と言うと、母親は迷ったあげく口を開いた。

「あの、私には青大将の息子がいます。しかしこの子が、気でも違ったのか嫁をもらうと言い出したのです。それもお宅の娘さんを嫁にもらうと言っているのです。とんでもないことだと思って聞かないふりをしていましたら、はてさて、その子が、言うとおりにしてくれなければ、右手に刀を持って、左手に火を持って、母親のお腹に戻ると言うのです」

「うーむ」と主人は静かに聞いていたが、「それでは、娘に聞いてみましょう」と意外にも話にのってくれた。

長者はまず長女を呼んで、「あの下の家の青大将が、私たちの家に聟に来ようとしているが、お前はどう思うか」と聞いた。

父親の言葉に、長女は「何ですって。お父さんも、私も気が狂ったのでしょうか。青大将のお嫁に行くなんて、とんでもない」と飛び上がった。

次女もまた長女と同じ答えだった。

しかし三女は父親の言葉を聞いて、「結婚というのは人生で一番大切なことですのに、どうして私が、良いとか悪いとか言うことができるのでしょうか。私はただ親の考えに従うだけです」と答えた。

それで長者の三女は、青大将と結婚することになった。そしてしばらくして良い日を選んで結婚式が行われた。

結婚式の日、二人のお姉さんをはじめ、村の人々がみんな雲のように集まってきて、長者の三女をあざ笑った。

結婚式が終わって初夜になった。青大将の新郎は、新婦といっしょに新婚の部屋に座り、時がたつのを待っていた。やっと夜が更けて真夜中になると、青大将の新郎はその恐ろしい皮を脱ぎ始めた。驚いたことには、青大将の皮を脱いだ新郎の姿は、この世にないほどの美男子だった。

その時、ちょうど長者の長女と次女が初夜のようすを覗こうと、昔ながらの風習で障子に穴を開け、部屋の中を覗いた。そして二人は、あっと息をのんだ。青大将はどこかへ消えて、その代わりに世にもまれな美男子が座っていたのだ。

「これがわかっていたら私がお嫁に行っていたのに」と二人はとても悔しがった。

そしてまた二人は部屋の中を覗いた。

ちょうどその時、新郎が青大将の抜け殻を新婦に渡しながら、「これは絶対に他人に見せてはいけない。そして火で燃やしてもいけない。もし約束を破ったら、あなたとは二度と私に会えないことになる」と言い含めた。

これを聞いた二人の姉は、意地悪そうな目つきをしてそこを離れた。

夜が明けると、新郎は遠いところへ旅に出た。二人の姉は妹の家によく遊びに来た。姉たちは妹のチョゴリの結び紐に掛けている小さな袋を見つけて、見せてくれるようにたびたびねだった。その袋の中には新郎の抜け殻が入っていた。

妹は、最初は断っていたが、姉たちが「姉に見せられないものが、どこにある」と強く迫るので、仕方なく見せてしまった。

姉たちはそれを手に入れると、すぐに火で燃やしてしまった。その煙は天高く昇って、その臭いは遠くの新郎まで届いた。

その後、新婦は家を離れた新郎を待って待ちこがれたが、一日、二日、一年、二年が過ぎても新郎は帰ってこなかった。新婦は、自分が約束を破ったから新郎が帰ってこられなくなったと思って激しく悲しく泣いた。

そうしたある日、ついに新婦は新郎を捜そうと、旅に出る決心をした。

新郎をたずねて旅に出た新婦は、険しい道を歩いて歩いて、疲れに疲れた。そして、あるところに着くと、鍬で畑を耕している老人がいた。そこで新婦は「私の夫のクロンドンドン・シン・ソンビを見ませんでしたか」と尋ねた。

すると老人は、「この畑をぜんぶ耕してくれたら教えてやろう」と答えた。新婦はうれしさのあまり、すぐに一生懸命畑を耕し始めた。

そしてやっと畑を耕し終えると、老人は「そこの峠を越えたら洗濯をしている女がいるから、そこに行って聞いてごらん」と教えてくれた。

新婦はまた道をいそいだ。老人が教えたとおり峠を越えると、川のほとりで年をとったお婆さんが、洗濯をしていた。

今度も新婦は「お婆さん。私の夫のクロンドンドン・シン・ソンビを見ませんでしたか」と聞いた。するとお婆さんは新婦の顔をちらっと横目で見て、「この洗濯物をぜんぶ洗って、白いのは黒く、黒いのは白くしておくれ。そうしたら教えるよ」と言った。新婦は一生懸命に働いて、白いのは黒く、黒いのは白くした。

するとお婆さんは新婦に「その峠を越えたら分かるよ」と教えてくれた。

新婦はまた元気を出して道を急いだ。そして死力をつくして峠を越えた。そこには髭を長く伸ばしたお爺さんが、子犬を抱いていた。

新婦は老人に向かって、「お爺さん、クロンドンドン・シン・ソンビが通りませんでしたか。教えてください」と聞くと、老人は抱いていた子犬を下ろして、「そりゃ難しいことではないよ。この子犬が歩くとおりに、後をついていけば分かるよ」と教えてくれた。

新婦は、ありがとうございますとお辞儀をして、子犬の後についていった。

しばらく行って川のほとりにつくと、そこには白い盥《たらい》が置いてあった。子犬はすぐ盥に乗った。新婦も子犬について盥に乗った。すると子犬と新婦を乗せた盥は、水の上をどんどん流れていったが、いつの間にか水の中に沈み始めた。新婦が目を閉じると、盥は水中にしばらく沈んだが、いつの間にか水の上に浮かび上がったような気がした。そこで新婦が目を開けてみると、目の前には今まで見たこともない世界が現れた。

そこには宮殿のように大きな瓦屋根の家があったので、新婦はその家の中に入って、食べ物を下さいと言った。すると家の人が、白米を一枡《ます》くれたが、新婦はわざわざ穴の開いた袋で米を受けた。すると米は、穴の開いたところから地面に流れ落ちた。新婦は、かがんで米を一粒一粒拾って袋に入れた。

すると時間が過ぎて、周りはだんだん夕闇が迫ってきた。そこで新婦は家の人に、今晩一晩泊めて下さいと頼んだ。家の人は、最初は泊まる部屋がないと断ったが、新婦が馬小屋でもいいので泊めて下さいと懇願するので、やっと泊めてくれた。

夜が更けると、堂々たる風采のソンビが中庭《マダン》に入ってきた。新婦がよく見ると、その人は他でもない自分の新郎だった。新婦はうれしくて夢を見ているようだった。新婦はすぐに、「ヨボ（あなた)」と声を出した。ソンビも急に現れた新婦を見て、「いや、あなたはどうやってここまで来たのか」とびっくりした。

新婦は涙を流しながら、今までの新郎捜しの苦労をすべて話した。話を聞いたクロンドンドン・シン・ソンビの新郎は、新婦のやつれた姿を見て哀れに思ったが、「しかし、私には既に二人の妻がいる」と言って、自分の抜け殻を大切にしまっておくようにという約束を、新婦が破ってしまったことを叱った。しかしそれはもう過ぎ去ったことで、新郎はどうやったら新婦をまた妻に迎えることができるだろうかと、夜を徹して考えた。

夜が明けると新郎は、二人の妻を呼んで、新婦を含めて三人の女を前にして、「これから問題を出して、その問題を解くことができた女を私の本当の妻にする」と言い渡した。

そこで新郎が出した問題は、三尺あまりのかかとの高い木靴を履いて、三十里離れた山に行って、銀の甕に薬水《ヤクス》をいっぱい汲んでくることだった。

新郎の二人の妻は勢いよく駆けていき、薬水を汲んで、一目散に走って帰ってきた。二人の銀の甕の薬水は、チャッポチャッポとこぼれて、目的地に着いた時には甕の底にほんの少ししか残っていなかった。しかし新婦は気をつけてゆっくり帰って来たので、甕の中には薬水がいっぱい入っていた。

二番目の問題は、山奥に入って、恐ろしい虎の眉毛を三本抜いて来ることだった。

新婦が山奥深く入って行くと、あるところに一軒家があった。新婦はとても疲れていたので、その家で休ませてもらおうと戸を叩いた。すると一人の老婆が現れて、親切に迎えてくれた。新婦が今までの自分の身の上を老婆に話すと、話を全部聞いた老婆は「それは大変なことだったね。しかしもう心配はないよ。私の子どもたちが帰りさえすれば、虎の眉毛なんて何ということもない。おお、ちょうど息子達が帰って来た。しばらく押入《おしい》れに隠れて待っていなさい」と言った。

新婦は老婆の言ったとおりに押入れに入って、息を殺して待っていた。しばらくすると馬の足音が騒がしく聞こえてきて、「お母さん、ただいま」と大きな虎が三頭現れた。そして虎たちは「おかしいな。うちの中に人間の臭いがするよ。間違いなく人間の臭いだよ」と一頭が鼻をくんくんして臭いをかいだ。

すると老婆は泰然として、「人間の臭いがするって。それはお前達が食べてきた人間の臭いだよ」と言った。そして「よけいなことを言わずに、早く寝なさい」と続けて言った。

息子の虎たちはすぐに寝てしまった。すると老婆は大きい奴から順番に眉毛を一本ずつ抜いた。そしてその眉毛を新婦に渡してすぐに帰るようにと言った。

無事に帰ってきた新婦は、持ってきた虎の三本の眉毛を新郎に渡した。しかし虎の眉毛を手に入れられなかった二人の妻は、猫の眉毛を抜いて、虎の眉毛だと嘘をついて新郎に渡していた。

最後の三番目の問題は、こんな冬だというのに山の苺を採ってくるようにというものだった。新婦は山の奥に入った。山の中はとても寒くて、体はカチカチに凍りついて、今にも死にそうだった。しかし急に目の前に一人の白髪の老人が現れて、新婦を洞窟の中へと案内した。洞窟の中は、外とは違う世界だった。春のように暖かく、あちこちに花が咲いていて、苺の畑もあった。新婦は老人が言う通りに、苺を篭にたっぷりと摘んで家に帰った。そして新鮮な苺を新郎に渡した。いっぽういっしょに苺を採りにでかけた二人の女は、一日たっても、二日たっても帰ってこなかった。

新郎は新婦を許して妻に迎え、幸せに過ごしたということだ。

（一九七三年に忠清南道の青陽郡で、黄《ファン》氏の女性〔九十三歳〕から崔仁鶴が聞く）

【解説】

ギリシャ・ローマの神話「アモールとプシケ」としてよく知られた話です。

日本の「田螺《たにし》息子」と同じく、「子どものない夫婦が神に祈って異類の子を授かり、その子が長者の三番娘と結婚し、異類の婿（韓国の場合は青大将、日本の場合は田螺）が美しい若者に変身する」話です。

しかし韓国の話の場合は、この後に「妻が夫との約束を破ったために、夫が失踪し、妻が苦難を乗り越えて夫を探す」という劇的なエピソードが付け加わります。苦難の果てに探し当てた夫には、すでに二人の「後妻」がありますが、かつての韓国社会の上流社会では、正妻のほかに複数の妻をもつことが、よく見られました。

ヨーロッパ等で広く見られる類話にも、夫には既に新しい妻がおり、この新しい妻と争って、もう一度夫と結ばれることが、最後の難題とされる話が少なくありません。

なお、この話に登場する「青大将」は、日本の青大将とはまったく違う「クロンギ」と呼ばれる韓国では最大級の蛇で、毒はありませんがリスなどの小動物を丸のみにするほどの大きさと力があります。山中だけではなく、民家の垣根や村境の堂山木のような大木や城隍壇の石積みの上にも出没し、村の人たちの畏怖の対象となってきました。

3 美女に変化する青大将（KT105）

むかし、書堂に通う若者がいた。書堂へ行く途中、空き地があったので、毎日、朝、昼、夕方と、一日に三回ずつ行ったり来たりする時に、小さな石を拾っては積み、積み重ねていた。こうして五年のあいだ積んでいたら、結構大きい石塔になった。それで石塔の横に楊柳を植えておいたら、この楊柳もよく育ち大きな木になった。

ある日、書堂の帰りが遅くなり、家に帰る途中、その石塔の横に以前はなかった家があり、火がちろちろと燃えていた。それで、そこへ入って行ってその家の女主人に挨拶をした。するとその女も挨拶をしたが、女があんまり美しいので、つい好きになり、一晩そこで泊めてくれないかと頼んだら、女はそうしなさいと言った。

夕飯を食べて、蒲団に横になった。若い女は、灯盞《とうさん》（油皿）の明かりで針仕事をしていたが、針に糸を通すとき糸を舐めた。その時舌の先が二つに分かれていたので、若者はそれを見てびっくりして「うわ、これは人間じゃなくて、怪物だ」と思って、急いで戸を蹴って逃げた。

すると女はすぐに青大将（クロンギ）になって追いかけてきた。若者は、あわてて自分が積んだ石の塔に上り、楊柳の木に上った。

青大将も、その子を追いかけて石の塔に上ったが、塔が崩れて、青大将は下敷きになって死んでしまった。

おかげで、若者は命が助かった。

韓国には「十年かけて造った塔が倒れ、手入れをした木が折れることはない」という諺があるが、この話からきたと言われる。

（一九六九年に全羅北道の鎮安で、任晳宰が記録）


【解説】

蛇が美女に変化して、若者を誘惑しますが、あやうい所で若者が危険に気づき、逃れる話です。若者が通う書堂というのは、初歩的な漢籍を読み、漢文を学んだ村の私塾で、日本の寺子屋に似ています。

ここで若者が石を積み、楊柳を植えて育てたのは城隍壇と呼ばれる石積みで、韓国の村の入口や峠や山麓などによく見られます。この石積みは、村や峠の境界に立ち、村人や旅人の安全を守る役割を果たします。この石積みの脇には、堂山木《タンサンナム》という大きな木が植えられているのが一般的です。この城隍壇と堂山木の立つ村境は、村の祭りなどを行う神聖な場所ですから、容易に魔物が近づくことができないのです。

境界に石を積む民俗は、東アジアに広く見られ、日本の庚申塚や道祖神や賽の河原の塚なども、その仲間です。

城隍壇《ソナンダン》に積まれた石。右手は城隍壇

4 笙（洞簫）を吹くソンビ（KT207）

むかしあるところに、一人のソンビ（学識がすぐれ、高潔な人柄の人）が住んでいた。彼は池のほとりに亭《あずまや》を建てて、一人暮らしをしていた。彼の趣味は、笙を吹くことだった。月の明るい夜には、彼は池のほとりにある岩に腰掛けて笙を吹いていた。その笙の音は、殷々《いんいん》として下の村まで響き渡ったので、村の人々はしばしば笙の音に聞き入っていた。そこで、村人は彼のことを「笙を吹くソンビ」と呼んだ。それほど、彼は笙が上手だった。

その日も、とても月が明るい夜で、ソンビが「プルルリー、プルリー」と池の畔で楽しく笙を吹いていると、いつの間にか見たこともない娘がそばに立っていた。ソンビは娘の美しさに我を忘れて見とれ、「娘さん、あなたはいったい誰ですか」と尋ねた。

娘は笙の音に夢中になったようすで「こちらを通りかかると、とても美しい音色が聞こえたので、立ち寄ったのです」と、じっと笙を見つめながら答えた。

ソンビには、この娘がまるで天女のように見えた。

「娘さんの故郷はどちらですか」

「私は家も両親もない身の上です」

娘はソンビの質問にそれ以上答えず、笙をもう一曲聞かせて欲しいと懇願した。ソンビは娘の美しさに何も言えず、笙を吹いた。娘は笙の音に酔いしれているようだった。

ソンビは娘が笙の音に浸っているのを見て、とてもうれしかった。娘のために彼はのどの痛みも忘れて、夜を徹して笙を吹いた。するといつの間にか夜が明けた。

「ソンビさま。私はもう笙の音を聞かずには生きていけません。誠に申しわけありませんが、どうぞソンビさまのお側に置いてもらえませんでしょうか」

娘は恥ずかしがりもせず、突然こんなことを言いはじめた。ソンビはもともとこのように清らかで美しい娘を逃したくなかったので、これを聞いて幸せの極みだった。彼らはすぐ夫婦になった。

ソンビは毎日、笙を吹いた。そのたびに娘が満足しているようすを見て喜んだ。二人は幸せだった。

いつの間にか年が変わって春が来て、日差しの厳しい夏になった。しかしその夏は、おかしなことに雨が降らなかった。村の人々は、雨乞いを繰り返したが、雨はまったく降らなかった。山では草木が枯れ始め、池も涸《か》れ始めた。村の人々は、みんな声を張り上げた。

「神さまは池が涸れているのを見てはおられないのか」

畑を耕している農夫たちは、天を恨んだ。しかし、誰よりも心を痛めたのは、ほかでもない美しい娘だった。彼女は旱魃《かんばつ》がひどくなるほどに体が枯れて、顔は憔悴し、心を痛めた。これを見たソンビも気が気ではなかった。

そんなある晩、娘はこっそり家を出た。

ソンビは、あれほど愛していた娘がいなくなったので、笙を吹くこともご飯を食べることも忘れて娘を捜し回ったが、娘はどこにもいなかった。

それもそのはず、実はこの娘は池に住む龍で、ソンビの笙の美しい音に夢中になって人間に姿を変えてしまったのだ。しかし龍は池に住み、雨を降らすのが仕事だった。龍がソンビと暮らすようになったので、雨が降らなくなってしまったのだ。娘はそれを見るに耐えず、また池に戻っていったのだった。

娘がいなくなった次の日から、再び雨が降り始めた。村の人々は、恵みの雨が降ったと喜んだが、ソンビには悲しみだけが残った。

「ああ、娘はどこにいったのか」

ソンビは狂ったように叫びながら、笙を吹き始めた。笙を吹くことによって彼は、じっと耐えているようだった。そして雨に打たれながら笙を吹き、池の畔を歩いていると、不思議な声が聞こえた。

「ソンビさま。私はここにいます。悲しく思わないで下さい」

耳をすますと、それは池の中から聞こえてくる。彼はその声を聞いて、池に身を投げた。

その後、村の人々は、笙の音を聞くことはなかった。しかし雨の降る日に、池のほとりを通ると、ソンビと娘が池の中で愛を語る声が聞こえるという。


（一九六三年に慶尚北道慶州で、韓相寿が記録）

【解説】

韓国には、龍が雨を降らせたり、洪水を起こして池を造った伝説が各地にあり、そうした池は「龍池」「龍井戸」「龍泉」などと呼ばれています。日本にも、沼の主が蛇で、美しい娘を沼や池に引き込む「夜叉が池」の伝説が多く見られます。「夜叉が池」の場合は、娘は機織りが上手で水の底でも機を織り続け、静かな夜に水辺を通ると水底から娘が機を織る音が聞こえるなども伝えています。

「夜叉が池」の伝説のほかにも日本には、笛の音に誘われて異類（天女）が天から舞い降りて人間の男と結ばれる「笛吹き婿」のような話があり、また「夜、笛を吹くと蛇が来る」などいう俗信はありますが、韓国のように龍が笛の音に惹かれて男の妻になるという話は聞かれません。

5　青大将と如意珠（KT259）

むかし、ある男が麦畑で雄の雉《きじ》が飛べずにもがいている姿を見た。よく見ると、蛇に咬まれたようだった。若者は雉を家に持ち帰り、料理して妻と一緒に食べた。すると、妻はすぐ妊娠した。そして月日が満ちて、息子を生んだ。男は「この子は雄の雉を食べて妊娠をしたので、名前を雄雉としよう」と言って雄雉と名づけた。

子どもはよく成長して、年が満ちて妻を迎えるようになった。そして、結婚式で新郎は新婦の家に行くことになった。途中、峠を越えようとする時に、「雄雉よ、雄雉よ」と言う声がした。新郎はその声がするところへ行ってみると、そこに洞窟があった。洞窟の中には青大将（クロンギ）が一匹、とぐろを巻いていた。そして新郎を見て言った。

「お前は、むかし、私が食べようとした獲物を奪い、食べて生まれたから、お前を生かしておくわけにいかない。今、お前を食ってしまうから覚悟しろ」と言って、青大将は大きな口を開けた。新郎は「ちょっと待ってくれ。それは私の父がしたことだ。今、私を捕まえて食べてもいい。しかし今日は結婚式だ。こんな良い日に人を殺すとは、いくら青大将だと言っても度が過ぎるではないか」と言った。

青大将もその話には道理があると思ったようで、「わかった。それでは一日だけお前の命を延ばしてやる。しかし明日には自分でここに来るのだぞ」と強く言った。新郎は承諾して、その場をすぐ離れた。

結婚式が終わって、初夜になった。新婦が見ると新郎のようすがおかしかった。「あなたの顔を見ると、何か心配があるようですが、私に話してはくれませんか」と言った。新郎は仕方なく新婦に全部話した。

話を聞いた新婦は「心配しないでください。私がついて行きます」と言って新郎を慰めた。

次の日、二人で青大将が待つ山に行った。青大将は待っていた。

「よく来たな。では約束した通りに、お前を食べていいか」と青大将は口を大きく開けた。この時、新婦は「この男を食べるのは、お前の勝手だが、この男が私の夫である以上、私が一生食べていくことを保障してくれなければ、夫を渡すことはできない」と言った。

青大将は考えてみるとそれもそうなので、新婦に「わかったから、私の口の中にある珠を取り出してみろ」と言いながら口を開けた。青大将の口の中には、綺麗な珠が貼りついていた。新婦は手を口の中に入れて、その珠を取り出した。

「さあ、もう願い通りにしてやったんだから、もうこの男を食べもいいいな」と青大将は身構えた。すると、新婦は「ちょっと待ちなさい。その前にこの珠の使い方を教えなさい」

青大将は、「この珠には穴が四つある。穴に向かって必要なことを言うと、何でも出てくる魔術の玉だ」と言って、三つの穴の中の使い方を教えたが、最後の一つだけは教えなかった。

そこで新婦が、「この四つ目の穴の使い方を教えなければ、私の夫を食べさせるわけにはいかない」と言うと、青大将は仕方なく「この四つ目の穴は、誰でも殺せる穴だ。穴に向って誰々は死ねと言うと、言われた相手はすぐ死ぬんだ」

青大将のこの言葉が終るやいなや、新婦は四つ目の穴に向かって「青大将、死ね」と叫んだ。すると青大将は、その場で死んでしまった。

新郎は危機一髪で命が助かり、二人は村にもどって、幸せに暮らした。

（一九七三年八月に、江原道原城郡で、李鎬泰〔三十八歳〕から崔仁鶴が聞く）

【解説】

窮地に陥った夫を、妻が知恵の力で救う話です。蛇が口の中に隠している如意珠は、本来は仏教で仏や仏の教えの象徴とされる霊験あらたかな宝の珠です。

日本では「犬と猫と指輪」の類話に指輪のかわりに登場する程度で、あまり登場の機会はありませんが、韓国の場合は、如意珠は龍や蛇にとって大切な宝で、これがないと天に昇ることができないといわれます。この話に登場する青大将は龍になって天に昇る身でありながら、軽率にも新婦の口車にのって大切な如意珠を渡してしまったばかりか、その秘密を明かして退治されてしまいます。

朝鮮王朝時代の女性は、家庭内での地位が低く、苦労が多かったことは事実ですが、結婚によって主婦となると地位が逆転し、家の経営権のすべてを司ることも確かです。この話は、そんな女性の力強さを語る話でもあります。

6　イムギと夜光珠（ＫＴ２６０）

蔚珍郡近南面九山里に、聖留窟という鍾乳洞があり、そこにまつわる伝説が伝えられている。むかし、この洞窟はうっかり近づくと命を落とすと恐れられていた。それは、この洞窟の奥の深い池に「イシミ（イムギ）」という巨大な大蛇が住んでいて、人が近づくのを妨げたからだと言われていた。イシミは、まもなく龍となって昇天する日を待っていたのだが、その姿を人に見られると龍になれないからだ。

ところが、この村の近くに天下無敵の壮士で、洪《ホン》という名の若者（チョンガー）が住んでいて、龍になって昇天しようとするイシミの口の中にある夜光珠を狙っていた。彼は、この夜光珠さえ手に入れれば、何でも願いが叶えられると聞いたのだ。

若者はある日、大きなクヌギの木の棒をもって、この洞窟に入って行った。すると間もなく大蛇が現れたが、あまりに大きくて頭は見えても尻尾が見えないほどだった。そして若者はあっという間に大蛇の口の中にのみ込まれてしまった。

しかし幸いなことに、手にした棒が大蛇の喉に引っかかった。若者は勇気を奮って大蛇の喉を探ると夜光珠が見えた。しかし珠はまだ完全にでき上ってはおらず、使い物にならなかった。若者は命からがら脱出したが、その後、病に倒れ長く患った後に息を引き取った。

イシミは、龍になって昇天したと言う。（一九六七年に慶尚北道の蔚珍で、柳増善が記録）

【解説】

韓国では、青大将《クロンギ》が千年たつと龍となると信じられ、龍になる前の大蛇をイムギと呼んでいます。慶尚北道蔚珍《ウルチン》では、このイムギを「イシミ」と呼び、龍になるために夜光珠という不思議な珠を育てていたと信じられていたのでしょう。

民話の世界では、主人公は見事に宝の珠を手に入れることが多いのですが、伝説では魔物に挑んだ主人公は命を落とすことが少なくありません。この話は、村や洞窟の名前が特定されていて、主人公も洪氏と名前が特定されているので、伝説的な色彩が強い話だと言えるでしょう。

ここで言う「イシミ」はイムギの慶尚北道の方言です。イムギは水の中に住む伝説上の大蛇で、蛟螭、大蟒、蚺蛇なども呼ばれますが、一般には蛇が五百年を生きればイムギになり、さらに五百年を生きれば龍になるといわれます。

中国では、龍の子がイムギを意味し、その龍の子は「蛟龍」と呼ばれ、形態は蛇で長さが約三メートル、四本の短い足があるとされます。龍になることのできないイムギは、人間に様々な災いをもたらし、家畜だけでなく人間を襲うこともあり、大小の水害を起こすこともあると語られています。

朝鮮王朝中期の名臣・柳夢寅（一五五九〜一六二三）の著した『於于野談』には、「航海の途中に一人離島に残された火砲匠が、イムギと遭遇してこれを殺し、夜光珠をはじめ多くの宝珠を得て故郷に帰り、大金持ちになった」という説話が記載されています。

7　四兄弟の才能（ＫＴ４６９）

むかし、あるところに一人の農夫が住んでいた。この農夫には四人の息子がいたが、自分が死ぬまえに、遺産を四人の息子たちに分けてやりたいと思い、いかに分けるかを考えたすえ、ある日、兄弟たちに、「おまえたちに遺産を分けてあげようと思うが、おまえたちには何の才能もない。これから三年間という時間を与えるから、家を離れ、それぞれ一つずつ才能を身につけて来るがよい。その結果をみて、相当する財産を与えよう」と言い渡した。

四人の兄弟は、このような父の考えに従い、家を出た。

一番上の息子は三年間、盗みの才能を身につけた。何もかも、ほしいと思ったものは必ず手に入れるという名人になった。二番目の息子は、一度目を閉じて考えれば、あらゆるものを当てることのできる名人になった。また、三番目の息子は、銃の名人になった。たとえ遠くにあるものでも、百発百中という具合である。末の息子は針仕事の名人になった。針を一度通したら、生地はもちろん、鉄や木やあらゆるものを縫い合わせるという具合である。

三年という期間が満了すると、四人の兄弟はそろって家に集まった。老農夫は子どもたちの才能を試みることにした。そして、向こう側の山を指しながら、二番目の息子に、「あの山の頂《いただき》に何かあるか当ててみなさい」と言った。すると二番目の息子は目を閉じて、何かを考えたかと思うと、すぐに「あの山の頂にはトビの巣があって、その中には、雌トビが卵三つを抱いています」と答えた。そこで老農夫は一番上の息子に、「では雌トビにみつからないように、その卵だけを盗んで来なさい」と言った。兄は素早く盗んで来て父親に捧げた。老農夫は、さらにその三つの卵を裏の山の岩の上に置いて来て、三番目の息子に、「一発で三つの卵を撃ち抜きなさい」と言った。兄はその通りに一発の弾で三つの卵を撃ち抜いた。農夫はさらに、末の息子に、「おまえは、割れたこの卵を元どおりにしなさい」と言った。末の弟はほんの少しの間に卵をもと通りになおしてみせた。

四人の才能をすべて試みた後、老農夫は、その才能の優劣を判断しかねて、やむをえず均等に財産を分けてやることにした。

このころ国では大変な騒ぎが起こった。それは、百年を経た青大将《クロンギ》が都に現れ、公主（王女）をさらって行ったということであった。あらゆる手段を使って公主を救おうとしたが、失敗したので、全国に立札を立てた。

そこには、「もし公主を救うことのできたものは、ほうびに公主の婿として迎える」と記されていて、この噂は四人兄弟の村までも伝わって来た。

四人兄弟は、それぞれの才能を国のために発揮する機会が来たと思い、公主の救出に乗り出すことにした。まず二番目の息子が目を閉じて考えると、いま公主は東海のある島で青大将からいじめられているという事実がわかった。場所がわかったので四人はさっそく船に乗って青大将征伐に出かけた。

島に着いた四人は、まず一番上の息子が、うまく青大将の目を避けて公主を救って来た。そして、再び船に乗って陸地にもどった。

青大将は公主が突然姿を消したのであわてて捜すうちに、四人兄弟が公主とともに船で逃走して行くのを発見した。青大将は空中を飛んで追いかけて、船の真上で舌先を伸ばしながら、いまにも呑み込むようなようすであった。

これをじっと待っていた三番目の息子が、銃を撃った。どんなにこわい青大将でも、三番目の息子の銃にはかなわない。

ところが、銃で撃たれた青大将が船の上に落ちて来ると、船は大きくて重い青大将の重みでこなごなに壊れてしまった。四人兄弟は船の切れ端をつかんで海に浮かんだ。

すると、このときこそ自分の役目を果たす時だと思った末の息子が、船の切れ端を集め、元どおりの船を作りあげた。

四人兄弟は、こうして公主を無事宮廷まで連れて行って王さまの手に返した。王さまは四人の功績を高く評価し、たくさんのごほうびを授けた。しかし四人のうちだれが最も功績があるかをはかりかねてしまい、公主の婿とする約束は取り消された。その代わり、広大な土地を分け与えたので、四人兄弟はその土地で農夫をしながら幸せに暮らした。

（一九六八年に慶尚北道金泉市で、林鳳順〔五十八歳・女〕から崔仁鶴が聞く）

【解説】

特異な技を身につけた四人兄弟が、恐ろしい青大将《クロンギ》にさらわれた公主〔王女〕を、力を合わせて救出する話です。

これは世界中に広く分布する「名人四人兄弟」の類話で、ヨーロッパ各地に「四人の兄弟が、占星術師〔占師〕、泥棒、猟師、仕立屋で、鳥の卵の数を当て、卵を盗み、卵を撃ち抜き、卵を縫い合わせる」という話が伝えられています。そして四人は、力を合わせて、奪われた王女を奪還し、王国の半分を手に入れるのです。

これほど細部までよく似た物語が、世界中に流布している例は稀ですが、文字化された説話の影響と考えれば、ある程度の説明は可能です。

この話の最も古い記録とされるのは十一世紀のインドの詩人ソーマデーヴァが、さらに時代を遡る物語集をもとに編纂した『屍鬼二十五話』の第五話「娘一人に婿三人」です。

三人の婿の候補が、魔術と知恵と武術を使って、さらわれた王女を助けだします。同じ『屍鬼二五話』第九話の「王女と四人の求婚者」には仕立屋、動物の言葉の分かる男、剣術師、すべてを蘇らせる男の四人の名人が登場しますが、女の救出はありません。この三人兄弟と四人兄弟の話の面白さが一緒になって、この楽しい話を作り出したのだと推測できないこともありません。

8　百日紅《さるすべり》の由来（KT78）

むかしある漁村に、頭が三つもあるイムギという怪物が、毎年娘を人身御供にさせていた。ある年、一人の娘の番になり、みんな悲しみに沈んでいると、思いがけなく勇士があらわれて、自分がイムギを退治すると申し出た。

勇士は娘に変装してイムギを待ち受け、イムギがあらわれると飛び出して刀で斬りつけた。イムギは、頭を一つ斬られて逃げ出した。

恩返しの意味で結婚を申し出た娘に、勇士は、自分はいま戦場に出かける途中だから、百日待っていてくれたら戻ってくると約束し、白旗を掲げた船が帰って来たら自分が勝利して生還したことを意味し、赤い旗を立てた船が帰って来たら、敗北し屍として戻ってきたと思ってくれと言い残して旅立った。

その後、娘は百日たつのを待って高い山に上り、水平線を見守っていた。やがて、水平線に勇士が乗った船があらわれ、近づいてきた。赤い旗がはためいていたのを見た娘は、絶望のあまり自殺してしまった。しかし、実は勇士が再びイムギと戦ってイムギを倒したが、白旗がイムギの血で赤く染まってしまっていたのだった。

その後、娘の墓から名前の分からない花が咲いた。人々は、これを「百日祈祷をした娘の魂が花になったのだ」といって「百日紅」と呼んだという。

（『韓国民族文化大百科事典』より）

【解説】

百日紅《さるすべり》は、中国南部原産で、東アジアではよく知られた花です。

この話に登場する「イムギ」は、龍になれず水に棲むという伝説の大蛇です。話の冒頭の「イムギ退治」のエピソードは、日本の「力太郎」や「猿神退治」と共通しますが、もっともよく似ているのはスサノオが八岐大蛇《やまたのおろち》八俣大蛇を退治する神話でしょう。このタイプの話は、竜退治、巨人退治の話としてヨーロッパにも広く知られています。

また、最後に登場する「船に掲げた帆の色を取り違えて死を選ぶ」というエピソードも、「トリスタンとイゾルデ」などの話に登場します。

Ⅳ　狐・白狐・九尾の狐

1　妹は白狐（KT101）

むかしもむかしの話だ。あるところにすごい金持ちが住んでいた。この金持ちには息子が三人いた。しかし金持ちの妻は、日夜、娘を一人だけでも持ちたいと願った。あんまり娘がほしいので「狐の子でもいいから、娘が欲しいわ」が口癖になってしまった。そしてしばらくすると、あれほど切に望んだ願いがかなって、金持ちの妻はお姫さまのようにきれいな娘を生んだ。妻はもちろんのことだが、三人の兄弟も妹が生まれたので、その喜びは口では言い表せないほどだった。最後に生まれたこのかわいい娘は、両親と三人の兄さんの愛を独り占めして、すくすくと育った。

歳月のたつのは早いもので、娘が生まれてあっという間に六年が過ぎた。かわいい妹もいろいろな言葉も話し、母親の使い走りなどをするようになった。

ところがその頃から、奇妙なことが起こり始めた。この金持ちの家で、馬が毎日夜ごとに一頭ずつ倒れて死んでいく。数百頭もの馬が、一日に一頭ずつ理由もなく死んでいくというのは、いたわしいことだ。いくら金持ちでも、一日に馬が一頭ずつ死んでいけば、財産もあっと言う間に底がつくにきまっている。

ある日、父親は、長男を呼んで、こう言った。

「このごろ、我が家には奇妙なことばかり起こる。今夜は、おまえが寝ずの番をして、馬屋に隠れてようすを見なさい。」

その晩、長男はこっそりと馬小屋に入って、隠れていた。そして夜が深まると、突然馬屋に可愛らしい妹が現われた。長男は、すんでのところで「あっ」と声を上げそうになったが、どうにかこらえて、妹のすることを見ていた。

すると奇怪な事が起こった。妹は、馬小屋に入ると、すぐに狐に変わった。そうして馬の尻に手をすぽっと押し入れて肝を抜き取って食べるではないか。長男は、あまりの恐怖と驚きで、気を失いそうになった。口のまわりを血で真っ赤に染めた妹は、手で口をさっと拭うと、馬小屋を出ていった。

朝になると、長男は父親に昨夜の出来事をすべて申し上げた。

「それは他でもない、妹の仕業でした。妹は人間ではなく、狐です」

すると父親は、この言葉を聞いて怒った。「こいつ、なんていうことを言うんだ。たった一人の妹を悪く言うなんて、なんという不届きな奴だ。もうお前は私の子ではないから、この家をさっさと出ていきなさい」

父親は、こう命令した。それで長男は家を追い出されてしまった。

翌日、父親は次男を呼んで、馬小屋を見張るように言いつけた。日が暮れて、夕闇に覆われる頃、次男は馬小屋に行き、こっそりと隠れていた。

夜が深くなるか、ならぬうちに、妹が馬小屋に現われた。その時の妹の顔は、恐ろしい狐の顔だった。妹は手をすっと馬の尻に入れ、肝を取り出して食べ、馬は床に倒れた。

翌朝、次男は父親にありのままを申し上げた。すると父親は、また怒って、大きな声で叱った。

「こいつ、お前まで、たった一人の妹を陥《おとし》れるなんて。家から出て行け」

次男も、仕方なく家を出て行った。

父親は「蝶よ花よと育てた娘が、馬の肝を抜いて食べる狐だなんて、とんでもない」と信じようとしなかった。

その次の日は、末息子が見張りをした。妹は同じように馬小屋に現われ、馬の肝を抜き取って食べた。しかし末息子は、二人の兄さんが家から追い出されるのを見ていたので、自分もありのままに言うと家から追い出されるだろうと思い、父親に、「まことに不思議な事です。何でもないのに急に馬が倒れて死んだのです」と申し上げた。

「やっぱりそうだ。おまえの妹が狐だなんてとんでもない話だ」と父親は満足した。

一方、家を追い出された二人の兄弟は、あちらこちらと廻って、もの乞いをして旅を続けた。そしてある日、深い山奥に入って、道士に出会った。二人は、道士の世話をしながら山で勉強をした。

しばらくすると兄弟は、家の事が心配になったので道士に、「家を離れてからずいぶん経ちました。家族が心配するといけないので、ちょっと行ってきても良いですか」と許しを求めた。

道士は快く承諾して「うむ、行って見たいなら行ってきなさい」と言って、小さな瓶を三本取り出して渡しながら、「これを身に着けて持っていきなさい。そして必要な時に取り出して投げなさい」と言いつけた。

兄弟は白、赤、青の三つの小さな瓶をもらって、胸に抱いて馬に乗って出発した。家の近くまでくると、あたりは以前とはすっかり違っていた。庭には草が生い茂って、野には牛と馬の影さえなかった。兄弟は道を急いだ。

二人が家にたどり着くと、家はひっそりとして寂しく、人が住んでいるようすがない。ちょうど板の間の端に妹が座っていて、二人の兄を見るとにこにこ笑いながら近づいてきた。

「お兄さん。いったいどこに行ってらしたのですか。私は、お兄さんをずっと待っていたのです」と愛嬌を振りまいた。兄弟は、なにも気がつかないふりをして、「お父さんは、元気かい」と妹に尋ねた。

「お兄さんは、もしかしたら本当に家の事を知らないのですか。お父さんは亡くなって、もういらっしゃいません」

「それではお母さんは」

「お母さんもです。そして最後に一番下のお兄さんが、この前死んだんですよ。それで、私は一人ぼっちになってしまいました」と愛嬌を振りまいた。二人の兄が現われたので、また新しい餌が手に入ったとうれしそうだったのだ。

二人の兄は、このままだと、きっと狐の妹に食われてしまうと思ってこう言った。

「私たちは遠い道を来たので、ひどく喉が渇いた。あの山の麓の泉は清くてたっぷりしているから、兄さんたちのためにちょっと汲んできてくれないか」

「それでは、そうしましょう。さあ、どうぞ家の中にお入り下さい」

「そうか。家に入って待っているから、まず水を汲んでおいで」

妹は、パガジ（瓢箪の柄杓）を持って水を汲みに行った。そのすきに、二人の兄弟は、馬を急がせて、逃げた。

どのくらい走ったろうか、後から奇妙な音が聞こえる。後ろを振り返ると、妹が大きな白狐になって追いかけてきて、「お兄さん、私を騙したのね。アイゴー、悔しいわ」と言った。

兄弟は、背筋がぞくっとしてさらに早く走った。しかし白狐にはどうしてもかなわない。狐は、ほとんど馬の尻に手が届くほど間近に近づいてきた。そして、「ひひひ、兄さん、逃がさないわよ」と馬の尻尾をつかまえようとした瞬間、兄弟は白い瓶を狐に向けて投げた。

するとあっという間に、道が茨に覆われて、狐は茨の中で、じたばたもがいて、「アイゴー、痛い。アイゴー、痛い。こいつめ、兄さんたちは私をいじめるのか」と必死にすり抜けようとあがいた。

そして、茨に突かれて全身血だらけになりながら、茨の道をすり抜けた狐は、さっきよりもっと早く走り兄弟に追い迫り、あともう一歩で尻尾を掴みそうになった。

そこで兄弟は、今度は赤い瓶をぽーんと投げた。すると、いちめんの火の海が広がった。狐は「兄さんたちは、私を焼き殺すつもりか」とじたばたしながら、どうにか火の海をすり抜けた。

狐の身体は真っ黒に焦げてしまったが、それでも兄さんたちをどうにか食べようと、さらに追いかけてきた。執念深く追いかけて、いまにも馬の尻尾をつかまえようとした。

そこで兄弟は、最後の青い瓶を後にぽーんと投げた。すると後ろに大きな海が現れた。狐は、海水に呑み込まれそうになりながら、それでもすり抜けようとじたばたした。しかし、海はあまりにも広くて、「ひひひ、兄さん、ひひひ、兄さん」と言いながら、狐は海中に沈んで死んでしまった。

二人の兄弟は、やっと狐の妹から逃げおおせ、また旅を続けたということだ。

（一九六八年に京畿道の安養で、厳潤燮から崔仁鶴が聞く）

【解説】

日本の民話に登場する狐は、峠や村はずれで人を化かして悪いたずらをしますが、どちらかというと愛嬌のあるトリックスター（おどけ者）的な存在です。これに対して、韓国の昔語りに登場する狐は、「白狐」や「九尾の狐」に見られるように、年を経て恐ろしい魔力を身につけた怪物として登場することが多いようです。

これは、白狐が人間に成りすまし、人を襲うという恐ろしい狐話の典型話です。白狐はさらに百年修行を重ねると九尾の狐になるとも言われています。

魔物が妹に化けて両親を食い殺す話は、日本でも「妹は鬼」として知られていますが、妹の正体は狐ではなく鬼か蛇です。語りの分布が九州・沖縄地方に集中していることから、韓国との関連が注目されます。

二人の兄が道士から白、赤、青の三つの瓶をもらい、それを投げると茨や火や水が出る逃走のくだりは、日本の「三枚のお札」によく似ています。

2　旅人と狐（KT103）

むかし、ある人が遠いところに旅をした。いくら歩いても歩いてもきりがなく、野原と山だけが続いていた。夜になると木の下や洞窟で寝たが、そのようなことは一度や二度ではなかった。

ある日のことだ。この日も一日中急いで歩いたが、深い山奥から抜け出す事はできなかった。とうとう夜になり、深く暗い山道を歩いていくと遠くにかすかに灯りが見えた。それは、たしかに家の灯りだった。男はその灯りをたどっていくと、大きな瓦葺の家があった。こんな山奥にどうしてこんな家があるのかと不思議に思ったが、人がいるかどうか確かめてみようと思った。

「もしもし、旅の者ですが、一晩泊めてはいただけませんか」と大声で言うと、美しい女が出てきた。こんな山奥に若い女の人が一人で住んでいるのかと不思議に思い、とても怖くなったが、仕方がない。女は男を部屋に案内した。

部屋に入ると、女は食膳を運んできた。男はとてもおなかが空いていたので、よく考えもせず全部たいらげた。すると女は蒲団を敷いて、「旅で疲れたでしょう、早く寝た方がいいですよ」といって外に出て行った。

男はおなかがいっぱいになると、あれこれ心配になってきた。体は疲れていたが、女のことを考えると目が冴えて眠れない。そのとき耳を傾けると、部屋のむこうから刀を研ぐ音がする。少し開けて戸の隅から中を見ると、美しい女の顔が狐になっていて、狐が刀を研いでいた。

「これは大変だ。狐に惑《まど》わされた。」と思った瞬間、狐が刀を持って部屋に入ってきて「お前を殺して、粥にして食ってやる」と言った。男は、こうなっては、もう逃げることもできないと覚悟したが、勇気をふりしぼって「よしわかった。だが、死ぬ前に自分の最後の願いを聞いてくれ。死ぬ前に水が飲みたいから、水を甕いっぱいくれないか」と言った。

するど狐は、「そんなに水を飲む奴がいるか」と言ったが、最後の願いなので聞いてやると言って、水を甕いっぱい持ってきた。

男は水を飲むふりをして、壁を濡らし始めた。壁は土でできているので、濡らすと穴が開くだろうと考えたのだ。しばらくして足で壁を蹴飛ばすと、大きな穴が開いた。

「足よ、私を助けてくれ」と男は逃げた。

狐が後を追いかけてくる。男が走って走っていくと、崖がそそりたっていた。そこで男は「狐に殺されるぐらいなら、崖から落ちて死んだほうがましだ」と思って、目をつむって飛び降りた。するど綿の座蒲団の上にふわっと落ちたような感じがした。不思議だなと思った瞬間、この座蒲団が大きな虎だということがわかった。男は虎の背中に落ちたのだ。

虎は穴の中に男を下ろして、足の爪で男の顔をなでた。すると血が流れた。虎は、子どもたちに男をちぎって食べろといって、のそりのそりと外に出て行った。その瞬間男は、横にあった石を拾ってメチャメチャに投げて、子どもの虎を全部殺した。そして穴から出て、木に登った。ちょうどその時、狐が群れをなして、飛び込んできた。大きな虎も帰ってきたが、子どもの虎が全部死んでいるのを見て、狐の仕業だと思って狐どもに向かって行った。狐と虎の激しい戦いが始まり、間もなく両方ともみな死んでしまった。男は死んだ虎と狐の皮を剥いで、それを持ってせっせと歩いて村に下りていった。

（一九六〇年に慶尚北道金泉市黄金洞で、文氏夫人から崔仁鶴が聞く）

【解説】

「山奥で道に迷い、一夜の宿を請うと、それが恐ろしい人食いの家だった」というエピソードは、日本の「三枚のお札」と同じですが、「三枚のお札」の人食いが山姥であるのに対して、韓国の場合はまたしても狐です。この狐は、最後は虎と争い相打ちになるほどですから、その強さのほどが知られます。

話の冒頭に登場する「大きな瓦葺の家」は、日本の語りによく登場する「長者屋敷」に匹敵するものでしょう。庶民の家が、すべて藁葺であった時代には「瓦葺」は豊かさの象徴でした。山奥に忽然と姿を現す「大きな瓦葺の家」は、魔物や盗賊などの異界の主の屋敷で、主人公が異界に踏み込んだことを知らせる昔語りの約束であったと言えるでしょう。

3　九尾狐の変身（KT133）

一人の若者が山に木を伐りに行くと、どこからか聞くだけでも恐ろしい背中がぞっとする「へっへっへ」という気味の悪い笑い声が聞こえてきた。いったい何だろうと思ってみたら、狐が人間の骸骨を噛んでいるところだった。若者が隠れて見ていると、狐が骸骨を前足でごりごりと削って顔にあて、またごりごり削って口にあてながら、「へっへっへ」と笑っていた。

骸骨は完全には顔にぴったりとはまらなかったが、狐は妖術をかけて白いお面にした。そして老婆に姿を変え、杖をついてゆっくりゆっくり峠を越えていった。青年はすぐに竹を切って手ごろな棒を一本作って、こっそり後をついていった。

狐の老婆は峠を越えて角を曲がって、ある村に入っていった。

村の真ん中の大きな家で、ちょうど結婚式が行われていた。庭で遊んでいた子どもたちは、「いらっしゃい」と挨拶をした。若者も迎えられて中に入った。

若者が棒を持ったまま屋敷に入ると、屋敷の人たちはみんな彼を不思議そうに見た。

若者は主人を捜し、竹の棒を見せて、「私は棒一本を手に八道江山（全国の山や川）を廻っている者ですが、これを見てください。この棒が不思議に震えているでしょう。これは何かしなければばいけないという印なのです。ですから、この棒の言うとおりにしますから、どうかとめないで下さい」と言った。

それから若者は、棒を神將棒（ムーダンが神將を招く時使う棒）のように振り回して立ち上がった。そして、鬼神に取り付かれた人のように荒れ狂って、そのまま内庭に駆け下りた。

庭に駆け下りると、庭の下の方に座っていたあの老婆の後頭部を容赦なく叩いた。

「アイゴー、これいったいどういう事か」という言葉があちこちから出た。

狐が正体を現し、ふさふさとした尻尾を伸ばして息絶えると、若者は意気揚々と狐をぶら下げた。そして客間に迎えられて、いたれりつくせりのもてなしを受けた。そして、金持ちの主人は若者に棒を売って欲しいと頼んだ。

若者は、「棒を一生持って廻るわけにもいかないし、作男に雇われて働くのもいやだから、棒を商売の元手にしよう」と考えて、相当な額のお金をもらってそこから離れた。

何日か後、金持ちの主人はその棒を持って家を出た。とある山の麓を歩いていると、向こうから女がやって来た。

「やっ、これは狐かな」と言いながら棒を取りだすと、棒を堅く握りすぎたせいで、棒がひとりでにコックリコックリ動いた。そこで、主人は「そうだ、間違いないぞ」と言って「えいっ」とばかりに、女をたたきのめした。

そして主人が、「この辺に尻尾があるはずだが」とあちこち捜していると、そこへ一人の男がやって来て、「この野郎。私の妻に何をする」と叫んだ。

（一九三〇年頃に李勲鍾が、京畿道広州で記録）

【解説】

韓国には、狐が人間に化けて悪事を働く話が多く見られます。日本の狐の場合は、木の葉を頭にのせてクルリと廻って美しい女等に化ける程度ですが、韓国の狐は、この話のように野ざらしの骸骨をかじって面のように顔につけて変身します。

この話は、こうして化けた狐の裏をかいて退治し、その上、ただの竹の棒を不思議な力をもった魔術の棒のように見せかけて高値で売りつける知恵話でもあります。

4 朴《パク》御使《オサ》と九尾狐（KT134）

ある日、朴文秀という御史《オサ》（王の密偵）が、道を歩いていた。そこへどこからか一人の女が現れた。美しい女だったが、朴御史は別に関心がなく、ただ歩き続けた。女は何度も行ったり来たりして朴御史の関心を得ようとしたが、朴御史は気にもしなかった。そうするうちに夕暮れになったので、旅館に行った。女は部屋で、御史は外で寝ることにした。

夜があけると旅館の中では大騒ぎになっていた。部屋に寝ていた女が物を盗んで逃げたのだ。旅館の主人はとても怒って朴御史を捕まえて、「あなたが連れてきた女なんだから、あなたが弁償をして下さい」と言った。

朴御史は、「私は女とは何の関係もない。旅の途中で偶然に会っただけだ」と言ったが、主人は「それは嘘だ。きっとあの女とグルだ。そうして事件を起こしたのだ」と言い張ったので、朴御史はどうしようもなかった。このままだときっと官庁に告発されて監獄に入れられるのは間違いないと考えて、仕方なく自分が持っていたお金で弁償してその場を収めた。

朴御史は旅を続けて峠を越えることになった。するとまたあの女が現れて、「あら、どうしたかと思ったら、よく助かったわね」とからかいながら朴御史の後をついてきた。朴御史は女のようすがおかしいと思ったが、旅を急いでいたので構わず歩いた。

夕暮れになったので、また旅館に泊まることになった。そして今度は主人の子どもがいなくなって、朝になると朴御史は主人に叩き起こされた。

主人は「あなたが連れてきた女が子どもをさらって行った」と事情も聞かずたたみかけた。

朴御史は、きちんと筋を通して説明してやっと釈放され、また道を急いだ。

するとまた途中であの女が現れ、からかって笑った。朴御史は女を捕まえて、懲らしめようと思ったが、相手が女だったので知らないふりをしていた。

夜になって朴御史は、また女といっしょに旅館に泊まることになった。女は、今度は主人の娘を誘拐した。朝になると主人は朴御史を捕まえて、女と共謀しただろうと声を張り上げた。朴御史は、またきちんと筋を通して違うと説明して、危機を脱して道を急いだ。

朴御史が、今度こそひどい目に遭わせてやろうと思っていると、女は正体を現し、共同墓地に隠れた。

その時、よく見ると、女は九尾狐だった。

（一九七三年に全羅南道の求礼で、朴海斗〔七十八歳〕から崔仁鶴が聞く）

【解説】

この話に登場する「御史《オサ》」は、「暗行御史《アメンオサ》」とも呼ばれ、朝鮮王朝時代に国王の特命を受けて地方の悪徳行政官の不正をあばいた庶民の英雄です。朴文秀は、その御史の代表格で、いわば日本の水戸黄門のように伝説化され、多くの話が伝えられています。

その朴文秀を付け狙う謎の美女の正体は九尾の狐です。中国の古い文献によると、狐は怪異の存在として信仰の対象となり、そのふさふさした尻尾は強い生殖力の象徴とされました。唐代に日本に伝えられた稲荷信仰でも、狐は神に仕える動物として重要な役割をになっていますが、韓国の九尾の狐は、信仰の対象となることはありませんでした。

「九尾の狐」は、室町時代以降の日本でも、インド、中国、日本の三国を渡りあるいた妖怪「玉《たま》藻《も》の前」として広く語られ、那須野が原の殺生石《せっしょうせき》の伝説とも結びつくことになりました。

5　人を食う老狐（ＫＴ１３６）

むかし、母親と息子が住んでいた。

息子は、毎日、木を伐りに山へ行っていたが、母親はいつも、たっぷりのご飯にコチュジャンをちょっぴりつけた弁当をくれた。そこである日、息子が「これからはもっとたくさんコチュジャンをつけてください」と頼んだら、本当にコチュジャンをたくさん包んでくれた。

ある日、息子が昼になってご飯を食べ終わると、コチュジャンがたくさん残っていた。残ったコチュジャンをどこにつけようかと回りを見渡すと、ちょうど横に骸骨があったので、残ったコチュジャンを骸骨に赤く塗った。そして帰ろうとすると、急に骸骨が「こっちにおいで」と言った。

おかしいなと思ってその後についていくと、骸骨はどこかに消えて行ってしまい、そこには大きな瓦葺の家があった。そしてその時、急に雨が降り始めたので息子はその瓦葺の家に入っていった。

するとその中から白髪のふさふさした老婆が現れて、「おや、やっと来たか。ずいぶん待っていたよ。きっとここに来るだろうと思っていたよ」と言った。

それから台所へ行ってご飯とコチュジャンを持ってきてくれたので、ご飯にコチュジャンを混ぜて食べた。

すると老婆は、昔話をしてくれと頼むので、息子は最初はできないと断ったが、今日あった出来事を話した。すると老婆は、「ああ、そうか」と言って、急に三回とんぼ返りをして狐になり、息子を食べてしまった。

（一九六七年に、忠清南道天原郡聖居面松南里で金弘東から任東権が聞く）

【解説】

グリム童話集の初版に「トルーデさん」という話があります。知りたがり屋の女の子が、トルーデさんという不思議な女のことが知りたくて、両親が止めるのも聞かずに会いに行きます。トルーデさんは、女の子が来ると、女の子を薪にかえてストーブに入れて燃してしまいます。昔話の中には、こんな理不尽で、救いも何もない話がたくさんあります。

「人を食う狐」というこの話も、このタイプの話で、「なぜ若者が狐に食べられてしまうのか」は、まったく説明されません。しいて言えば「骸骨にコチュジャンなんかを塗ったこと」と「その話を老婆にしたこと」が原因かもしれませんが、それは若者の死の理由を説明する役割を果たしてはいません。しかし、このナンセンスで残酷な結末が、かえって聞き手の興味を惹きつけるのだと思います。

6　狐に騙された農夫（KT142）

むかし、ある田舎に一人の農夫が住んでいた。その田舎には狐が多く、人々をよく騙すので、たいへんだった。そこで農夫は狐を捕まえようと、狐の通る道筋に罠を仕掛け、その上にマメと胡麻を置いておいた。

ある日、一匹の年をとった狐が歩き回っていたが、そこに食べ物があるのを見て、お腹が空いていたので罠に近づいた。そしてマメと胡麻を食べたので、前足が罠にかかってしまい、ケンケン泣いていた。

罠を仕掛けた農夫が、狐が罠にかかったのではないかと見張りに行くと、案の定、年寄り狐がかかって逃げようとして苦労していた。農夫は、棍棒で打ち殺そうと大急ぎでやって来た。

そのようすを見た年寄り狐は、自分の命を守ろうとすぐ変身して、その村の生員《サンウォン》さま（科挙の試験に合格した村の知識人）に化けて、頭に冠をかぶって口に長いキセルをくわえ、手に杖をついて立った。

罠を仕掛けた農夫は、年寄り狐だと思っていたのに、近づいてみると意外にも村の生員が立っているので、びっくりしてお辞儀をしながら「生員さま、どちらに行かれますか。どうしてここにいらっしゃるのですか」と聞いた。

生員に化けた狐は、目をむいて睨みつけて大声で怒鳴った。

「貴様。両班が通う道に、こんなおかしなものを置いて、恥をかかせるのもいい加減にしろ。お前のせいで、どの道を通っていいか分からない。さっさと、この罠をはずせ。足首が痛くて仕方がない」と農夫を叱った。

農夫は本当の村に住んでいる生員だと思って畏れ多いと思い、すぐに罠を解いた。

「許して下さいませ。私はわざとそうしたのではないのです。この道を狐がよく通うので、捕まえようと罠を仕掛けたのです。それが本日、生員さまが運悪くここを通られ、このようなことになってしまいました。どうぞ寛大なご処置をお願いします」と哀願した。

罠から足を抜いた狐は、すぐに年寄りの狐に変身して、ケンケンと鳴きながら逃げて行き、チラチラと振り向きながら姿を消した。やっと農夫は狐に騙されたことが分かって、悔しがったがもう後の祭りだった。

「あの狐は、年をとってもまだ人を騙すのだな。こんなことになって、今度は生員さまだろうと、何だろうと必ず打ち捕まえてやる。本当に悔しい。絶対に何者が罠にかかっても捕まえてやる」と、心に決めて、農夫は家に帰った。

こんなことがあって、何日かたったある日、その村に住んでいる生員が用事があって朝早く道を歩いたが、本当に足が罠にかかってしまった。

生員は、びっくり仰天したばかりでなく、足首が切れそうに痛く、村に向かって「助けてくれ」と大声で叫んだ。

罠を仕掛けた農夫は、この声を聞いて急いで走ってきた。するとこの前と同じように生員さまが罠にかかっていたので、心の中ではとてもうれしかった。

「よし。狐がかかったな、今度こそ騙されないぞ」と棒を持って走ってきた。そしてとにもかくにもでたらめに打ちまくった。

生員は足がかかって痛い上に、その上棒で打たれたので怖くなって声を上げた。

「こいつめ、年寄りを殺す気か」と怒鳴った。

農夫は耳も貸さず、「このけしからん狐め。この前も生員さまに化けて私を騙したではないか。また騙す気か。狡猾な奴め。今度は騙されないぞ」と言いながら、また思いっきり打った。

生員は大変なことになった。

「この野郎。気でも変になったのか。今度はお前がどんな目にあって死ぬか分かっているだろうな。お前の目には私が狐に見えるのか。違う。私は人間だ。痛くて死にそうだからもう止めろ」と叫び続けた。

それで村の人たちがぞろぞろ集まってきた。どういう事情か聞いて、打たれて死にそうな生員さまを助けてあげた。狐の罠を置いた農夫は、その年寄りの狐のせいで二回も騙された。

（一九五九年に、金相徳が記録）

【解説】

狐に騙された男が「今度は騙されまい」として、失敗を繰り返す話です。

日本には、狐に騙されまいとして、また騙されてひどい目にあう「剃刀狐《かみそりぎつね》」のタイプの話が全国各地で語られています。

日本のこのタイプの話の中には、「農夫が、本物の大名行列を狐の仕業だと勘違いして、打ち首になりそうになる所を僧に助けられ、僧の言う通り頭の毛を剃り落として坊主になって罪を償うと、実はその僧も狐だった」という手の込んだ話もあります。

この韓国の話に登場する「生員《サンウォン》」というのは、国子監の入試に合格した者で、科挙の郷試の受験資格を得た士大夫です。公の職につかず村に住み「ソンビ」とも呼ばれ、村人の敬意を集める存在です。

韓国には、狐が高位の者に変化して人を誑《たぶら》かす話が、古くから伝えられ、すでに『三国史記』の百済本紀の義慈王条の六五九年には「狐の群れが宮廷に入り、白狐が上佐平（宰相）の書机に座った」という記述が見えますし、朝鮮後期に李徳懋《イ・ドクム》が著した『寒竹堂渉筆（一七八三）』には道術の名人として知られる田禹治が、酔った白狐を脅して術を学んだという話が紹介されています。

7　姜邯賛《カンカムチャン》説話（KT208）

むかし、姜邯賛《カンカムチャン》の父親が、山道を歩いていると、急に暴風雨が吹いてきたので、人気がないかと歩き回ると、小川の向こう側に一軒の家が見え、灯りがともっていた。

彼がその家に走って行くと、家の中から一人の美しい女が迎えてくれた。彼は親切に甘えて、三日間もその家の女から世話を受けた。もちろん共寝もした。家に帰って何日か経ってまた前のところに行ったが、跡形もなかった。

何年か経ち、一人の女が子どもを連れてやって来て、その子どもは姜邯賛だと言って、さらに続けた。

「何年か前、あなたが山道で大雨に遭い、雨宿りした家は、実は狐の家でした。その時あなたを迎えた女は、私です。この子どもはその時にできた子で、もちろんあなたの子どもです。将来、国のために役に立つ人物になりますので、ぜひ大切に育てて下さい」と言って消えた。

よく考えてみると、先ほど来た女は、その時の女に間違いなく、また子どもの顔をよく見ると、なぜか少し狐に似ていた。彼女は狐の変身した女だった。
その後、子どもは偉大な人物になった。その彼がほかでもない、姜邯贊である。姜邯贊は、七歳の時に大臣になったという話もある。

（一九二三年七月に忠清北道槐山郡邑で、安柱祥から孫晋泰が聞く）

【解説】

韓国昔話にみえる「狐女房譚」には人間を騙したり、悪戯をしかけたりする場合が多く、この話のように人間と実際に夫婦になり子をもうけるタイプの話は、あまりありません。

この話の主人公の姜邯贊（九四三～一〇三七）は高麗時代の英雄で、多くの伝説を生みました。

一九二三年七月に忠清北道槐山で、この話を安柱祥から聞いた孫晋泰は、同じ姜邯贊にまつわる逸話を一九二三年八月に慶尚北道達城で尹喜炳から六話、一九三〇年五月に全羅道南道麗水で金東斌から三話、それに自身の記憶を含めて計十一話記録しています。

狐が女に化けて妻となる話は、日本では「信太《しのだ》の狐」として歌舞伎の演目等にもとりあげられる、もっとも有名な狐話の一つで、狐の生んだ子どもは後に陰陽師の安部清明になったとも伝えられます。

8　中国の狐皇后（KT278）

むかしあるところに二人の兄弟がいた。兄は十三歳であったが未来のことを予知し、弟は八歳であったが現在のことをよく知っていた。ある夜、兄弟は一つの床に寝ていたが、夜中に目が覚めると彼らの間に一つの死体が横たわっていた。兄は死体ごしに弟をゆり起こした。すると弟は「知っています」といった。

翌日彼らは一本の古木に火をつけた。木の中からは二匹の狐が逃げ出した。一匹は捕らえて殺すことができたが、一匹は逃がしてしまった。昨夜の死体はこの狐のいたずらであった。

その後、大国（中国）の皇后が重病にかかって、「朝鮮には某という少年の医員がいるが、彼のほかにわたしの病気を治せる者はいないから、どうか彼をよんで下さい」と皇帝にいったので、皇帝はただちに使者を朝鮮につかわして、その少年を求めた。

その少年というのはかの兄弟のうちの弟の方であった。彼は自分が医員でないといったけれども、とにかく彼は皇帝から求められた人物であったので、使者とともに出発することになった。

兄は弟の出発に際し一首の詩を示しながら「この詩をよく記憶しておけ。必ず役に立つときがあろうから」といった。

弟は中国につき、皇帝に歓待されたが、やがて皇帝の命令だといって彼に作詩を要求した。韻字は凍と香であった。彼は兄の示した詩を記憶していたのでただちに筆をとって、「雪搏吟唇詩欲凍梅飄歌扇曲生香（雪が降って詩を吟じたら寒くて唇も凍った梅に歌を書いた扇で舞ったら香りが漂った）」と一筆にこれをしたためた。

皇后はこれを見てふるえ、大官連はこれを鬼神の詩だと感嘆した。

翌日、彼は皇后の病気を診察することになり、侍者に案内されて皇后の病室に入った。まず脈を見ようとその手をのぞいて見ると、皇后は錦の袋で手をかくしているので、彼はそこではっと気がついて「畜生、おれに復讐しようとしたのだな」とさとり、脈を見るようなふりをしながら皇后の手からいきなり手袋を外してしまった。

すると果たしてその手は狐の手であったので、彼はさっそく腰におびていた劍をぬいて皇后を刺すと、皇后はきゃっという声とともに一匹の大狐となってたおれた。そこで皇帝は彼の手柄をほめて、厚い賞をあたえたという。

けれども、もし彼が詩を作れなかったか、あるいは皇后の病気を治すことができなかったならば、彼は皇后の計略のために殺されてしまっていただろう。先年古木の中から逃げた一匹の狐が少年を殺すために美人に化けて中国の皇后となっていたのだという。

（一九二三年八月に慶尚北道達城郡月背面上仁洞で、尹和炳から孫晋泰が聞く）

【解説】

これは孫晋泰が一九二三年八月に慶尚北道達城郡で尹和炳から聴いた話です。歳を経た狐が古木に隠れ悪事を働き、その一匹が退治されるところを逃れて中国に渡り、皇帝の王妃となって復讐をとげようとします。

日本には「狐の立聴」という話があります。狐が人間に化けて悪戯を仕掛け、正体を知られ、中の一匹だけが逃れますが、最後に秘密を知られて退治されます。狐が美女に変身して復讐をはかるエピソードはありませんが、同じタイプの話であると考えられます。

この話で中国の皇后になりすますのは九尾の狐であろうと思われます。九尾の狐の最も古い記録は中国春秋戦国時代の『山海経』に登場します。『山海経』は後に東晋・西晋時代の文学者・郭璞《かくはく》（二七六〜三二四）の注釈によって広く知られるようになりました。韓国の国語文学資料辞典では、九尾狐は「古代に遡る豊かさの象徴」であるとされ、さらに斗山百科辞典では「知恵と豊かさ」の象徴、圓佛教大辞典では、「千年経を経た狐」で「妖艶な女性」「法と師を信じるに値しないものとする不道徳な存在」とされています。

山海経の九尾の狐

9　僧を殺した狐（KT292）

むかし、あるところに大きな寺があった。この寺には多くの僧たちが住んでいたが、毎年、正月が過ぎると約束したように、正体不明の怪物に一人ずつ食べられるのであった。

それで僧たちは相談した結果、順番を決めて一人ずつ自分で山奥へ行って、犠牲祭物（生贄《いけにえ》）になることにした。

ところで、この寺の近くに、一人の老人が住んでいた。この老人は、誰一人として頼るところがないかわいそうな老人だった。それで寺の住職が、このかわいそうな老人を助けようと、毎日食べものを持っていってあげていた。また節句になると、美味しい御馳走を用意して招待し、親切にしてあげた。

ある日、住職が食べ物を持って行って、嘆きながら言うには、「ご老人を接待するのも今日で最後になります。明日からはご老人が自分で解決しないといけなくなりました」

「それはどういうわけですか」

「実は私の寺は、昔から毎年一人ずつ犠牲祭物になってきました。今年は私の番になりました。私が死んだら私たちの寺は荒寺になってしまいますが、しかたありません」

この言葉を静かに聞いていた老人が、しばらくして言うには、「よくわかりました。しかし犠牲祭物になる前に、もう一度私に会ってください」と頼んだ。

住職が帰った後、老人は住職が犠牲祭物になるために着る服を準備し始めた。それは高級な錦だった。そして、正月過ぎてまだ寒い時期だったので、綿をいっぱいに入れて作った。

やがて、その日がきた。老人は準備した服を持って寺を訪問した。そして住職に「今までお世話になりました。何か恩返しをするといっては何ですが、この服を着て行って下さい。きっと効き目があるはずです」と言い、綿をいっぱい入れて厚く作った錦の服をあげた。

住職はそれを着て、老人とお別れをして山奥へ入った。その後姿《うしろすがた》を老人は見ていた。

やがて目的地に着いた住職は、深い洞窟の前で跪《ひざまず》いた。すると急に大きなウナギが一匹現れて、いつの間にか大きな狐に変身し、住職の前にたった。住職は「もう終わりだ」と思って、目をじっと閉じて死ぬのを待った。大狐は、住職を一口で飲み込もうと大きな口を開けた。

一方、寺では老人が、ずっと深い山の奥を見つめていた。すると突然、雷のような大きな音が響いたかと思うと、いきなり煙がたちのぼり、山を覆った。しばらくすると、また稲光がして四方は静かになった。

老人は急いで山へ走って行き、住職を探した。住職は洞窟の前で気を失って倒れていたが、命に別状はなかった。老人は住職を連れて寺に降りてきた。

気を取り戻した住職は、老人に「この着物には不思議な魔力があります。怪物が私を取って食おうと飛びかかって噛んだのですが、その瞬間、悲鳴をあげて倒れてしまいました」と言うのだった。実は老人は、着物を縫う時に毒薬を綿に染み込ませておいたのだった。その後、この寺は、平安を取り戻して繁栄したと言う。

（一九七三年に全羅南道の莞島で、崔仁鶴が記録）

【解説】

魔物が人身御供を要求し、主人公がこれを倒す話は、グリムの「二人兄弟竜退治」をはじめ多数見られます。日本でも「猿神退治」などが、よく知られています。

この話の妖怪は、ウナギから狐に変身しますが、おそらく狐は洞窟の中でウナギとして身をひそめ、必要な時には正体をあらわす術を心得ていたのでしょう。年を経た魔物は自在に変化する力を身につけると信じられていたと考えられます。

狐を倒す老人が、呪術的な力を発揮するのではなく、僧の衣に毒を仕掛けるという合理的な知恵を働かせるという結末は、他ではあまりみられないこの話の特色です。

10　金剛山の狐と栗谷《ユルゴク》（李珥）（KT307）

昔、李栗谷という有名な学者がいました。「栗谷」は号で、名前は李珥《イジ》でした。

この方が若かった頃、仏教の勉強をしに金剛山に行きました。深い山中を何日もかけて入って行きましたが、ある日、ある所を通りかかると、どこからか「ユルゴク（栗谷）」と呼ぶ声が聞こえてきました。

しかし「栗谷」という号は、これまで一度も他の人に話したことがありませんでした。栗谷という号にしようかどうしようか一人で考えて、妻にも口外してはいなかったのです。その名前がこの深い山中から聞こえてくるので「おかしい」と思い、声がする方を振り返りました。しかし人は誰もいません。

栗谷はまた、道を行きました。しばらく進むとまた「栗谷」と呼ぶ声が聞こえてきました。栗谷は声が聞こえる方を振り返ってみたが、やはり人は誰もいません。風の音を勘違いしたのかと思い、また道を行きました。

ところが、今度は「そこの道行く栗谷」と、はっきりとした声が聞こえてきたのです。こうしてみると疑う余地はないので、栗谷は声がする方に振り返って見ました。

するとまた山の向こうの丘の下の池のほとりで、一人の老人が座って釣りをしていました。

栗谷はその老人が「栗谷」と呼んだのかと思い、近寄って「ご老人、魚はたくさん釣れましたか」と言いながら、隣りに座りました。老人は何も言わずに釣竿の先だけを眺めていました。

老人の隣りには大きな籠があり、その籠には大きな鯉が一匹いました。鯉は口をパクパク開けて息をしていましたが、そのパクパクする音が「栗谷」「栗谷」と聞こえたのです。そこで、栗谷はさっき「栗谷」と呼んだのはこの鯉だと分かり、鯉を助けてやらないといけないと思いました。

そこで老人に、この鯉を売ってほしいと言いました。

老人は「暇つぶしで釣りをしているのだから、売るつもりはない」と答えました。

栗谷は「実は重病にかかって死にそうな人がいて、その人のために鯉を買いに来たのです。どうかその人を助けると思って鯉を売ってください」と言いました。

老人は「本当にそうなら、その人を助けると思って売ろう」と言って鯉を差し出してくれました。栗谷は代金を支払うと「ご老人、この鯉はもう私のものでしょう。私の好きなようにしてもかまいませんね」と言いました。老人はそうしろと言わんばかりに、こくりとうなづきました。

しかし栗谷がその鯉を池に放そうとすると、これを見た老人は「若い者が年寄りをだましてからかうなんて、こんな不届き者がどこにいるんだ」と言って大声で怒鳴りました。

栗谷は、「すみません」と一言あやまって金剛山の奥に向かって行きました。

いくつかの低い峠、高い峠を越え、谷間を登って行くと、大きな岩の下に小さな瓦屋があって、その家に白髪のお婆さんがいました。お婆さんは栗谷の顔を見ると歓迎して、「栗谷先生いらっしゃい。先生がいらっしゃると思って、お待ちしていました」と手を握って部屋に案内しました。

その瓦屋は掃除が行き届いていて、部屋はすべて清潔でした。お婆さんは見れば見るほど神々しく見えました。栗谷はこのような方がどうして自分のような名前も知らない若者を待ち構えていたのかが不思議でならず、「お婆さんは何者で、なぜ私のような者がやって来ると思っていたのですか」と尋ねました。お婆さんは「じきに分かるよ」と言い、「金剛山は景色がいい所だと言うが、怪しいことも多いので、気をつけなさい」と言いました。

栗谷は、その日はそのお婆さんの家で休みました。次の日、お婆さんは栗谷に、「金剛山を見物させてやる」と言いました。そして、こういうふうに言いました。

「山を登る時は私の言うとおりにしなさい。私の言葉に少しでもそむいたら大変な災いを被るだろう。まず、最初に守らなければならないことは、山で見たものには驚いてはならないということだ。そして次は決して顔をあげてはならず、私の足跡だけを見て私について来て『顔をあげろ』と言うまで顔をあげてはいけないよ」

栗谷は、お婆さんの言うことをちゃんと守ると約束しました。

山を登って高い所まで来ると、その山の上は春のように暖かく、よい香りが漂い、目に入る全てのものがとても不思議に見えました。そして、顔をあげれば、もっと素敵で素晴らしいものが見えるように思われました。けれどもお婆さんに『顔をあげろと言うまでは顔をあげてはならない』と固く約束したので、栗谷は顔をあげないでお婆さんの足跡だけ見てついて行きました。

しかし「顔をあげて四方を見渡してみたい。眼の下の景色がこんなに不思議なら、顔をあげて辺《あた》りを見渡せたらどんなにいいだろう」という気持ちが強くなり、「お婆さんは顔を上げてはならないと言ったが、顔をあげても死ぬ以外に何があろうか」と考えて、ついに顔をあげてしまいました。

すると、前を行くお婆さんの姿は、跡形もなくなりました。そして目の前にはとてもすばらしい瓦屋がありました。そして、その家には見たことのないほど美しい若い女がいました。

その女はにこっと微笑んで栗谷に中に入るよう手招きをしました。栗谷はこれを見て、「ああ、どうしよう」と後悔して怖じけづきました。すると、女が戸口に出てきて「栗谷先生がいらっしゃるのをお待ちしていました。どうか、早くお入りなさい」と、手を握って部屋の中へ案内しました。そして、何かと愛嬌を振りまいて、顔を向かい合わせて口づけをしようとしました。

栗谷はこれを見て、怪しい女だと思い、「男女有別、男と女は互いに礼節を守って交わるべきなのに、これはどういうことだ」と叱りつけ、さっと振り切りました。すると、女はもっと愛想を振り舞いて、何かと話しかけては、栗谷をたぶらかしました。そして、豪華に準備された酒の膳を持ってきて、奇妙な杯に酒を注いでは勧めました。栗谷が酒が飲めないと断ると、女は「男のくせに酒が飲めないとは、とんでもない」と言いながら、なおも飲むように勧めました。

栗谷は仕方なく、一杯飲みました。すると不思議なほど気分がよくなって、たちまち酔ってしまいました。女はまた酒を注いで、勧めました。栗谷はこのように酒を飲み続けるとどんな災難にあうかわからないので、「酒というのは一杯だけ飲むものだ。たくさん飲むものではない。もう下がれ」と、もの静かに押し退けました。すると、女は杯を下げました。

栗谷はじっと座って、お婆さんとこの若い女の心中を比べてみました。

お婆さんは神々しく、信用ができて、尊敬するに値する人物でしたが、この若い女は絶世の美女ですが、性格がよくなく害を及ぼす者のような気がしました。

そこで、この女と一緒にいたら一体どんな目に遭うかわからないと思い、ここから抜け出す方法を考えました。

栗谷は「私はこの景色のいい金剛山にやって来て、思いもよらず美しい人に出会い、酒までご馳走になったのですから、ここで過ごすのがよいはずですが、故郷でやりかけたことがあってその後始末をしなくてはいけません。およそ十日間ほど暇をください」と言いました。

すると女は、「そうですか。それなら、故郷に行って来てください。しかし、もし帰ってこない時は大きな災いに遭うと思いなさい。私にはあなたがどこに隠れていても、探し出してここに連れてくる力があるのです。ほかの事を考えて逃げようとしても、逃げられません。逃げたら大きな災いに遭います」と脅しました。栗谷は、「男子には二言はありません」と厳粛に答えました。

栗谷は女のいる所から下りて、お婆さんの家に行きました。お婆さんは栗谷を見ると「ああ、この朝鮮で道を修めるべき偉人が、それくらいの辛抱もできないのか。顔を上げてしまったから、すべて台無しになってしまった。あの女に捕まると抜け出すのは容易ではない。あの女は人ではなく何万年も生き続ける狐だ。ありとあらゆる魔術を操る力を持っている。あの山の家も美しい花もすべて狐の魔術のせいだ。もうお前が逃げ隠れしても、魔術を使って探し出して捕まえるだろう。どうしたらいいだろう」と、とても悲しがりました。

栗谷はお婆さんの言葉を聞いて、なんと答えていいのかわかりませんでした。しばらくの間、じっと座っていましたが「そのような怪しい狐を捕まえて、消してしまう方法はありませんか」と尋ねました。すると、お婆さんは「まったくないわけではないが、その方法を使うのはとても難しい。お前は今まで誰かに恩を施したことがあるか」と聞きました。

栗谷が「ありません」と言うと、お婆さんは「人でなくても動物や虫や魚でも死にそうなものを助けたことがあるか」と尋ねました。栗谷は「金剛山で鯉を助けたことがあります」と答えました。「よしそれなら早く鯉を助けた池に行って、大声でアイゴー、アイゴーと泣きなさい。そしたら、何か方法が見つかるだろう」と言いました。

栗谷はすぐにお婆さんの家を出て鯉を放してやった池に行き「アイゴー、アイゴー」と大声を出して泣きました。しばらく泣いていると、池の真ん中から一人の童子が現れて、水面を歩いて栗谷の所にやって来ると「栗谷先生、どんな用件でお呼びになったんですか」と尋ねました。

栗谷は見知らぬ人がこう言うので不思議に思い「あなたは誰ですか」と尋ねました。「はい、私は以前、先生に助けられた鯉です。先生がお呼びになるのでやって来ました」と答えました。栗谷は「金剛山で何万年も生きた悪い狐に捕まり、その狐から逃れようと山にいるお婆さんに相談するすると、ここに行って泣けば何か術《すべ》が見つかるだろうと言うので泣いていました」と言いました。

童子は、栗谷の言うことを聞くと「それはちょっと難しいですね。しかし、お父さんに相談してみましょう。私のお父さんは龍王です。先日、私は人間の世界を見物に出かけた時、釣竿に引っかかって死にそうになったのですが、先生が助けてくれたので助かりました。そのことをお父さまにお話したらとてもお喜びになり、先生に一度会いたがっています。先生の苦境を知れば、必ず何かの方法を教えてくださるでしょう。さあ、私の背中に乗ってください」と言って、背中を差し出しました。

栗谷が童子の背中に乗ると、童子は水の中に入り、あっという間に龍王の前にたどり着きました。龍王は栗谷を見ると親しげに手を握って、前日、息子を助けてくれた恩をありがたく思い、いろんな種類の料理を出してもてなしました。龍王の息子が「栗谷先生は今、悪い狐に捕まって苦労しているので、その悪い狐を捕まえて消してしまう術がないだろうか」と龍王に尋ねると、「それは難しい。難しい。本当に難しい」と、難しいという言葉を何度も何度も繰り返しました。そして、何かを決心して、栗谷に「狐がいる元の場所にもどっていなさい」と言いました。

栗谷はまた童子の背中に乗って水辺にもどり、またお婆さんの家を訪れました。お婆さんは喜んで迎え、この前のようにご馳走でもてなしました。そして、どんな妙策を得てきたかと尋ねました。栗谷は、龍王の所に行って事情を話したら、龍王は狐の所にもどれと言ったと話しました。

お婆さんは栗谷の言うことを聞くと喜び、「女の所に行ってどんなことをして遊んでもいいが、遊んでいる最中に女が外に出たがっても決して外に出してはならない」と繰り返し念を押しました。栗谷は「そうします」と誓って女の家にもどりました。

美しい女は栗谷が帰って来ると、喜んで迎えて「やはり、栗谷先生ですね。約束通りもどって来るとは、本当に大したものです」と、抱き寄せて顔を押し付けて口づけして、愛嬌を振りまきながら酒の膳を準備して怪しい杯に酒を注いで、早く飲めと言いました。栗谷は酒も飲み、女の言う通りにして、しばらくの間、楽しく過ごしました。

ところがあたりがだんだんに暗くなり、じめじめした風が吹き、雷が落ちそうな気配になりました。すると女の顔色が変わって、外に出てくると言いました。栗谷は、「このような天気なのに外に出る必要があるか」と言って、外に出ないように止めました。すると女は怒って「栗谷は大人物だと思ったが小心者だな。たかが女が外に出ると言うのに口を出して阻むとは懐の狭い男だな」と嘲りました。

栗谷はそれでも外に出られないように捕まえていました。すると、女の顔は真っ黄色になって、死にそうに手足をばたつかせました。栗谷はその姿を見ると、女がかわいそうになり、外に出してやりました。

女は、外に出るとすぐに戻ってきて栗谷をにらんで「お前のたくらみはその程度か。それくらいの力では私をどうすることもできん」と言うと、墨をすって紙に何か文字を書き、部屋の四方の壁にべたべたと貼り付けました。すると、じめじめした風も吹き止んで、天気も晴れ上がり、女は顔色もよくなり、生気を取り戻しました。栗谷はこれを見て「しまった。どうしよう。誤って女を外に出してしまった」と、悔やみましたが、もうどうすることもできませんでした。

女は栗谷の前にやって来てあざ笑い「お前は私のものだ。私の思いのままだ。二度と私から逃げようと思うな。お前は道を修められなくなった。私を捕まえて殺そうと龍王が軍を引き連れてきたが、私がかけた魔術で退けてやった。お前の力も私の力に比べたら足元にも及ばない。お前は余計なことを企《たくら》まないで、ここでずっと過ごさなければならん」と言いました。

栗谷はその言葉を聞くと、「お前が龍王の軍を退ける魔術を使うことくらい知っているが、だからと言ってお前の力が無尽にあるとは思わない。今度は私がかける魔術を見せてやる。私は家に帰って来るから何日か暇をくれ」と言いました。女は「わかった、行って来い」と栗谷は放してやりました。栗谷は山を下りてお婆さんの家に寄りました。

お婆さんは栗谷を見ると、地団駄を踏み、胸を叩きながら、「朝鮮に道を施《ほどこ》すはずの人間がなんという軽はずみなことをするのか。もうだめだ。仕方がない。どうすることもできない」と悲しみました。

しばらくして、栗谷は、「女の手から逃れる術はもうないでしょうか」と小さな声で聞いてみました。お婆さんは、「あるにはあるが、それは本当に難しい。ないのも同じだ。そのようなことをどうして望むのか」と言いました。

栗谷はこの言葉を聞くと、「難しいかもしれませんが、もう一度試してみます。それでもだめなら仕方がありません。とにかく一度、聞かせてください」とせがみました。

お婆さんは、「天の玉皇上帝の力を借りるしか方法はないが、玉皇上帝の力をどうして借りることができようか。方法はないに等しい」と言いました。

栗谷はこの言葉を聞くと、「玉皇上帝の力を借りるには、玉皇上帝に直接会わなければいけないが、玉皇上帝に会う方法はないのか」とお婆さんに尋ねました。お婆さんは「龍王の所に行って相談してみろ」と言い、「また池に行って、泣いてみろ」と言いました。

そこで栗谷は池に行って大声で泣きました。ところが、いくら泣いても池からは何も出てきませんでした。それでも栗谷は更に大きな声で何度も泣きました。

そしてしばらく泣いていると、池の真ん中から童子が出てきて、栗谷の隣りにやって来ました。そして、何故泣いているのかと尋ねました。栗谷は山に棲む女の言葉を話をして、お婆さんがそれを悲しんで「ここに来て泣いてみろ」と言ったことを話しました。

童子は栗谷の言葉を聞くと、父親の龍王がとても腹を立てていると話しました。そして、もう一度、龍王の所に行って助けを求めるために一緒に龍宮に行こうと言いました。

栗谷は童子の背中に乗ると、あっという間に龍宮に到着しました。童子は、龍王に栗谷がやって来たと言いました。龍王は怒りが収まらないのか「そんな軽率な人間は見たくない、早く追い返せ」と大声で怒鳴りつけました。童子は、自分の命の恩人の苦境を見て見ない振りするわけにはいかない。もう一度、お助けくださいと切に頼みました。すると、龍王はやっと怒りを静めて、栗谷を連れて来いと言いました。

栗谷が龍王の前に行くと、龍王は、「どうしてそんな軽率な行動するのか、龍王の軍が狐を倒そうとしたのに、狐を外に出したせいで、狐が四方の悪神を呼び寄せ、龍王の軍を追い返してしまった。向こうの幕舎に行ってみろ。悪神にやられた軍人たちが苦しんでいるぞ」と言って大きな幕舎を指差しました。

栗谷がその幕舎に行ってみると、腕が折れた軍人、脚が折れた軍人、体の半分がなくなった軍人、あちこち怪我をした軍人たちが「アイゴー、アイゴー」と言いながら、うめいていました。栗谷は、自分の浅はかな行動のせいで罪のない軍人があのように怪我をして、苦しんでいるのを見ると心が痛く「申し訳ない。もう二度とあのような軽率な行動はすまい」と心に誓いました。

栗谷はもう一度、龍王の所に行って玉皇上帝の助けを借りられるように頼んでほしいと言いました。龍王はそれはだめだとすぐ断りました。龍王の息子は、息子の命を助けてくれた恩人のためにもう一度だけ努力してほしいと頼み込みました。すると、龍王はしかたなく栗谷を連れて天に上っていきました。龍王は玉皇上帝に「栗谷は私の息子の恩人で悪い狐に捕まって困っているので、助けてほしい」と頼みました。玉皇上帝はしばらく考え込んでいましたが、「地上に帰って待ちなさい」と言いました。

龍王は栗谷と一緒に龍宮に帰り、息子に栗谷を人間の世界に連れて返ってやれと言いました。栗谷はまた童子の背中に乗って水辺に出て、すぐにお婆さんの所に行きました。

お婆さんはまた喜んで栗谷を迎え入れ、どうなったかと尋ねました。栗谷は、玉皇上帝の所に行ったら地上に帰って待てと言われたと話しました。

お婆さんはそれを聞くと本当に喜んで、たちの悪い狐はもう永遠に滅びるだろうと言いました。そして、「今度、山に行ったら、その女が喜んで歓迎するだろう。酒を飲めと言えば酒を飲み、戯れようと言えば一緒に戯れ、外に出ると言えば外に出してもいい。女がいくら魔術をかけても玉皇上帝にはかなわないだろう。雨が降り、風が吹き、雷が落ちて死ぬだろう。若者はその家に庭なり四方の景色を見物をしてもいいが、庭の狐の像にだけは決して手を触れてはならない。手を触れると、とてつもない災いをこうむることになる」と言いました。

栗谷はお婆さんの言うことを聞いて山へ行きました。女は笑みを浮かべて歓迎して、「栗谷先生、お帰りなさい。栗谷先生はさすがに大人物です。早く部屋へお入りなさい」と言いながら、手を握って部屋へ案内しました。そして、豪華に準備された酒の膳を持ってきてたくさん食べろと言いました。そして、腰をかかえ抱いて頬ずりしながら口づけをし、ありとあらゆる愛嬌を振りまきました。ところが、外はだんだん暗くなり、冷たい風が吹き、激しい雨が降り始め、雷が響きました。女の体はぶるぶると震え、顔色が真っ青になると、外へちょっと出かけてくると言いました。栗谷はそうしろと言い、すばやく女を放してやりました。

女が外に出ると、空が天が崩れるかのように雷の落ちる大きな音がしました。栗谷はこの音を聞いて気を失いました。しばらくして栗谷が目を覚ますと、真っ暗だった空はいつの間か晴れて明るい光が差していました。そして女はおらず、その大きな瓦屋はなくなっていました。庭にはありとあらゆる草花や美しい花が満開に咲いていていました。

栗谷は怪しく思い、花畑を歩いてみました。花畑の真ん中に小さな銀狐が両方の前足を持ち上げてうずくまっていました。栗谷はそれを見て、お婆さんがその狐は触るなと言ったことを思い出し、ほかの所に行きました。花畑を隅々まで見物してからお婆さんの家へ帰ろうとしましたが、銀狐がとてもきれいで、不思議に思えたので、もう一度、銀狐がいる所に行きました。銀狐は見れば見るほど、不思議できれいでした。一度、触ってみようか、やめようか、と手を出したり、引いたりしていました。お婆さんが、決してその銀狐を触るなと言ったことを思い出して、我慢をしながら銀狐を見ていました。じっと見ていると、その銀狐が「私に触ってみてください」と言っているようでした。

栗谷は、今までいろいろと苦しめた女も雷にあって小さくなってしまったから「これくらいのことで、悪いことが起こるはずがない」と思い、手を差し出し、銀狐の頭を触ってみました。すると、銀狐はさっと溶けていなくなり、青い煙になって、栗谷の鼻の穴にふっと入っていきました。

栗谷はおどろして「大変なことになった」と後ずさりして身震いしました。しかし、なにごとも起こりませんでした。庭の花を見ても変わりはなく、遠くの山を見ても変わったところはありませんでした。自分の体を見ても異常はなく、気もしっかりしていました。

栗谷は安心して、お婆さんのいる所へ行きました。お婆さんは栗谷を喜んで迎えて、「たちの悪い狐は永遠に死んでいなくなったから、もう安心できる」と言いました。そして、栗谷に、その狐に手は触れなかったのかと、聞きました。栗谷は手を触れなかったと答えました。お婆さんが念を押したことを何度も破って、その度にもっと大変な目にあい、お婆さんを悲しませるのが申し訳なくて嘘をつきました。

夕食を食べてから、お婆さんはその狐に手を触れなかったかと、また尋ねました。栗谷はさっき嘘をついたことが後ろめたくて、今度は手に触れたと正直に話しました。すると、お婆さんは、「アイゴー、栗谷先生はどうしてそれほど軽率なのか。あれほど念を押したのに、私の言うことを聞かなかったのだから、もう取り返しがつかない。こうなったからには、家に帰っても三ヶ月の間は、夫人に決して会ってはならない。三ヶ月経つ前に夫人に会うと子どもが生まれるだろう。息子ならすばらしい人物になるだろうが、娘が生まれたら、災いをもたらすだろうから、目をつぶって産婦の部屋に行って首を絞めて殺してしまいなさい」と言いました。

栗谷はそうすると誓いました。そして、お婆さんに、あなたは誰なのかと尋ねました。お婆さんは、この金剛山を治める山の神だと言いました。そして、何万年も生き続ける狐がやって来てこの金剛山を奪い、自分を追い払い、片隅に追い詰め、みすぼらしい暮らしを強いられたと言いました。栗谷のように知恵があり、善良な道を修める人の助けを借りて、あの魔性の狐を追い出そうと考えたとも言いました。そして、狐がいなくなったので、これからは心おきなくこの山を治めることができると言いました。そして「あの銀狐がいなくなる時、煙が出てきて、鼻の中に入ったのだから、三ヶ月の間は夫人に会うな」と。何度も何度も念を押しました。

栗谷はお婆さんに別れの挨拶をして、家に帰ってきました。そして、居間にこもって、一所懸命、本を読みながら道について勉強しました。一月の間はどうにかこうにか夫人に会わなくても過ごすことができました。ところが、長い間、家を留守にしたからには、夫人に会わないことが夫人に対しても申し訳なく、夫人に会ってしまいました。

そして、金剛山であったことを話しました。それから十ヶ月後に夫人は娘を産みました。栗谷は、娘が生まれたと言うのを聞くと、金剛山の山の神が教えた通り目をつぶって子どもの部屋に入り、首を絞めて殺そうとしましたが、殺すまえに、もう一度顔を見ておこうと目を開けてみました。すると赤ん坊がとてもかわいかったので、どうしても殺すことができません。金剛山の山の神に念を押されはしたものの、娘をそのまま育てることにしました。

そしてこの娘が大きくなると、栗谷は娘のせいで無実の罪の濡れ衣を着せられて官職を退くことになりました。

（『任晳宰全集』第五巻〔一九七五〕所収）

【解説】

朝鮮王朝を代表する知識人の一人李珥《イイ》・栗谷《ユルゴク》（一五三六～一五八四）が、金剛山の山中で経験したとされる冒険譚です。

江原道江陵に生まれ、賢母の申師任堂《シンサイムダン》に養育された栗谷は、十六歳で母を失うと金剛山にこもって禅の修行をしましたが、後に山を下り、中央の政界で活躍します。

李珥は、やはり朝鮮王朝を代表する知識人である李退渓《イテゲ》（一五〇一～一五七〇）を深く尊敬していましたが理論の上では対立し、双方が学派を形成して政治的に鋭く対立します。この話の最後に栗谷の失脚が語られるのも、そうした政争の激しさを反映したものでしょう。

この話には、金剛山という山中他界に棲む不思議な老婆（山の神）や狐のほかに、山中の池の奥深くに棲む龍王も登場します。栗谷が、龍王の息子である鯉を助け、その父の龍王の助けを得て、山中他界の魔物である狐と戦うくだりや、あと一歩で目的を達するはずなのに禁忌《タブー》を犯して再三の危機に陥るくだりなど、波乱万丈の物語になっています。

山中の山の神と狐、水底の龍、天上の玉皇大帝が登場して、韓国の人々が抱いていた壮大な他界観の構造が波乱万丈の物語を通じて明らかになる、興味深い語りだと思われます。

この話を記録した任晳宰《イムソクチェ》は、京城帝大時代に秋葉隆から民俗学の手ほどきを受け、朝鮮民俗学会の設立（一九三二）に参加し、解放後の韓国の民俗学・人類学の調査・研究に大きな役割を果たしました。

V　ムカデ・ヒキガエル・ネズミ・ネコ・ニワトリ

1　大むかで退治（KT117）

むかし、ある村に貧しい目の不自由な男が暮らしていた。男にはチョンスクという一人娘がいたが、その娘に頼って毎日過ごすという気の毒なありさまだった。娘はまだ幼く、娘の力だけで暮らすことができず、二人は近所の人々の助けを借りて生きていた。

ある日、父と娘が睦まじくさしむかいに座ってご飯を食べていると、一匹の黄色のヒキガエルが現れて、生唾を飲み込んで、お腹が空いたようにしていた。チョンスクが「かわいそうに。さあ、これを食べなさい」といって貧しい食事を分けてやると、ヒキガエルはうれしそうにそれを食べた。そして二、三回頭を下げてどこかに消えていった。

それからヒキガエルは、いつもご飯の時間になるとどこからかやってきて、ご飯をもらって食べていた。チョンスクが自分の分を分けてやったので、ヒキガエルは毎日毎日成長し、チョンスクが十三歳になった時にはヒキガエルもたいそう大きくなっていた。

ところがある年、大凶作がやってきた。どの家も食べるものがなく大変だったので、村の人たちはチャンスクたちを助けることができなかった。こうした事情の分からない目の不自由な父親は、食べものをもらって来るようにとチョンスクに命じたが、チョンスクはどうすることもできなかった。チョンスクは、自分が空腹であっても父親には食べさせるように努めたが、とうとうそれも難しくなってしまった。

ところで、その村には大きな祠堂があったが、村人たちはその祠堂をとても恐れていて、村になにか不幸があるたびに、その祠堂の神が怒って罰を与えたのだと信じて、供物を供えて祭祀を執り行っていた。

そして、その年は手のつけられない凶年だったので、村人はどこからか娘を買って祠堂の神さまに捧げて祭祀を行なわなければならないと噂し始めた。

この噂を耳にしたチョンスクは、「私のようなか弱い女の身では、とてもお父さんを養いきれない。お父さんを満足させるために私の命を祠堂の神にささげることにしよう。私がいなければ、お父さんは少し不自由するかもしれないが、とにかく食べることには困らないはずだ」と考えた。

チョンスクは村の大人を訪ねて、自分が生贄になるので、私を買ってくださいと頼んだ。

村の大人たちは、チョンスクを哀れに思ったが、祠堂の祭祀をするためにたくさんのお金を払ってチョンスクを買った。チョンスクはそのお金の中から八割を村の人に預け、自分が死んだら父親のためにこれを使って欲しいと頼んだ。

そして祭祀の日がやってきた。チョンスクは父親の無事を祈った。ヒキガエルも悲しそうな顔をしていた。チョンスクはヒキガエルとも別れなければならないので、餌をたっぷり与えたが、ヒキガエルは悲しみのせいであまり食べられなかった。

時間になったので、チョンスクは身を清めて新しい着物を着て村の大人たちについていった。祠堂は山の上にあったので、チョンスクは村人とともにうっそうとした森を越えて登っていった。村の大人たちは祠堂の前にチョンスクを座らせて村に下りていった。

チョンスクが自分の命を奪う鬼神がいつ現れるかドキドキしながら待っていると、あのヒキガエルが姿を現した。

そして、それと同時に祠堂の天井の梁から、炎を吐き出しながら体の赤い怪物が下りてきた。チョンスクは、その瞬間気を失い、その場で倒れてしまった。

怪物が姿を現すとヒキガエルは口を大きく開けて、怪物に向かって毒を吹き出した。怪物は苦しがってもがきながらも、口を開いてヒキガエルに向かって毒を吹き出した。怪物とヒキガエルとの間に激しい闘いが起こったが、稲妻とともに大きな雷が響き、怪物は後ずさりして力尽きた。ヒキガエルも力尽きたが、最後の力を振り絞って襲いかかると怪物は正体を現した。それは大きなムカデだった。

夜明けになると村に人たちが、せめてチョンスクの骨だけでも拾おうと山に登って来た。そして祠堂に来てみると、不思議なことにチョンスクは生きていて、ヒキガエルと大きなムカデが死んでいた。チョンスクが真心を尽くして育てたヒキガエルが命をささげてチョンスクを救ったのだ。

村の大人たちはヒキガエルを手厚く葬り、チョンスクと目の不自由な父親をずっと守り続けると誓った。それからは、チョンスクと父親はなにも心配もしないで幸福に暮らしたという。

（一九六八年に京畿道安養で、厳潤燮から崔仁鶴が聞く）

【解説】

この話は、韓国各地で広く語られる話で、伝説としても各地に分布しています。韓国では、村ごとに「堂」という神祀りの場があり、年に一度か二度、村の祭り（堂祭）を行います。祭りに際しては、山神に豚をいけにえとして捧げるという習わしがありました。

昔話や伝説には、人身供儀が登場します。犠牲を捧げる相手は、山神のほかに、水の神や天の神（ハヌルニム）などで、招福、祈豊、祈雨、無病息災の祈願を目的とすることが多いようです。

ここで娘を守るヒキガエルは、韓国の人々にはなじみ深い生物で、農村では家の神として庭に棲みつくことが多く、ヒキガエルが家から出ていくと家の運が傾くとされて、家の神を守る役割の主婦がヒキガエルを呼び止めるための祈りを唱える民俗が見られました。

蛇やムカデにかぎらず、ドラゴン（龍）などの正体不明の怪物が人身御供の娘を襲い、救出に乗り出した若者がそれを退治し、娘を助け出すという話は、世界中に分布しています。日本の「カニ報恩」や「猿神退治」等も、その仲間です。

2　ムカデと青大将《クロンギ》の対決（KT130）

むかしむかし、ある若者が貧しさにたえず、家を出てあてどもない旅に出た。まったくお金がないので、物乞いをして旅を続けた。

ある日、山の中で急に「こんなふうに生きているより、死んだ方がましだ」と思って死のうとした。

その時、何気なく見ると、遠くに灯りが光っているのが見えた。こんなに深い山奥に人が住んでいるわけがないと独り言を言いながら、灯りに近づいていった。するととても大きな瓦葺の家があった。

若者は、「あてのない旅人ですが、今晩一晩泊めて下さいませんか」と大きな声でたずねてみた。すると、とても美しい女が出てきて迎え入れてくれた。そして、それが縁になって二人は夫婦になった。若者は女と出会って豊かになり、幸せな日々を送っていた。

ところが、何年か過ぎたある日、若者は急に故郷にいる家族のことが心配になり、女に「私は故郷に行ってみたい」と言いだした。

女は若者が旅に出ることに賛成ではなかったが、彼が強く願うので、仕方なく承諾した。そして、「一つだけ私のいうことを聞いて下さい。帰る時に、どんな人があなたに声をかけても絶対に返事をしてはいけません。話もしないで、振り返らずきっぱりと戻ってこなければいけません。分かりましたか」と念をおした。

彼はうなずいて承知して、旅立った。

何日か経って、ようやく故郷につくと、以前に自分が住んでいた家はどこかに消えてなくなり、きれいな新しい家がそこに建っていた。妻に「これはいったいどういう事か」と聞くと、「ある人が来て、これはあなたが稼いだお金だと言って置いていきました。それで古い家を壊し新しい家を作り、田畑も買って、今は豊かに暮らしています」と言った。

若者は、「これは山奥の女の仕業だ」と思って、その家で何日か過ごした。そしてまた山にむかって旅立った。

半分ほど行って峠を越えようとすると、一人の白髪の老人が、「そこの若い者、少し休んでいかないか」と声をかけた。若者はちょうど疲れていたので、老人のそばに座った。

老人は煙草とキセルを若者に渡して、「これを持って家に帰りなさい。実はあなたの妻は人間ではなく、ムカデに違いない」と言った。

若者は、「そんなわけはない」と思って、煙草とキセルを持って道を急いだ。

やっと家に着いた時には夜になっていた。若者は妻が本当に人かどうか疑いながら、部屋の中をそっと覗いた。すると妻の姿はなく、そこには一匹の大きなムカデがいた。彼はわざと外から声をかけた。するとあっという間にムカデは女の姿になって、彼を部屋の中に迎えた。

彼は部屋の中に入って煙草を吸い始めた。その煙草の煙が部屋の中にいっぱいになると、女は顔が黄色になり、いまにも死にそうになった。

彼は、「たとえ女がムカデであったとしても、ずっと私を助けてくれたじゃないか。この煙草は、女を苦しめる毒だ」と考えて、すぐに外にキセルを投げ捨てた。

外では先から白髪の老人がずっとようすをうかがっていた。その時、ちょうどキセルが飛んできたので、老人の額に当たった。するとその老人は倒れ、青大将（クロンギ）になって死んでしまった。

やっと元気になった女に若者は、今までのことを全部話した。すると女は「あの老人は青大将で、私と龍になるのを競い合っていました。龍になって昇天することが私の願いです。老人があなたに渡したキセルのせいで、私は死にそうになりましたが、最後にあなたが私を助けてくれました。おかげで、私はこれから龍になって天に昇ります。その恩返しに、あなたに畑をあげましょう。夜が明けたら、私が教えたとおりの場所に行って下さい。そこは雨が降らず、荒れ果てた土地です。早く行ってあなたの欲しいだけ旗を立てて、印をつけておいてください。するとすべてがあなたのものになるでしょう」と言った。

夜が明けると、女は消えてしまい、家もなくなり、若者は大きな岩の下で横になっていた。彼は女が教えたとおりにして、故郷の家に戻った。

それから何日かしたある日、空が真っ暗になり、雷が鳴って暴風雨がやってきた。若者が空を見ると、一頭の龍が昇天するのが見えた。暴風雨が止んだ後、自分が旗を立てた荒れ地に行ってみると、そこにはとても大きな畑ができていた。

その後、彼は急に万石以上の土地をもつ大金持ち（万石君）になって幸せに暮らした。

（一九七二年に江原道原城で、李鎬泰〔三十八歳〕から崔仁鶴が聞く）


【解説】

この話は、二つの構成要素からでき上がっています。一つは、男が山の中で突然「大きな瓦葺の家」に出会い、そこに住む美しい女と幸せに暮らしながら、女との約束を破ったために女との幸せな暮らしを失うというエピソードで、これは日本の「見るなの座敷（うぐいすの里）」や「滝のうら里」のような異郷訪問譚と同じ構造です。

この話のもう一つの構成要素は、年を経たムカデと青大将が、ともに龍になることを競い、ムカデが男の援助で青大将に勝って龍となって昇天するというエピソードで、これは「年を経た青大将、ムカデなどは龍となって昇天する」という韓国の民間信仰と結びついています。

3　黄ムカデと口をきく錠（KT279）

むかし、ある寡婦に年頃の娘がいたが、いつからか、夜毎に見知らぬ男が娘の部屋に通ってくることがわかった。そして、その男が娘の部屋に入ってしばらくすると、身がすくみあがるような娘の悲鳴が聞こえてくるのだった。寡婦はどうするすべもなかったが、日ごとに憔悴していく娘を見るに忍びなかった。

ある晩のことだ。物乞いをしてい歩く乞食が、寡婦の娘が寝ている部屋近くに宿をかりた。ところが、真夜中に人の気配がするので、乞食はおかしいと思い、あたりを見回すと、一人の男が歩いてきた。泥棒ではなさそうだった。どうも怪しいと思った乞食は、その行動をうかがった。

娘の部屋には錠がかかっていた。男が部屋の外から「開けろ」と一言いうと、錠は音もなく開いた。男は迷わずに部屋の中に入っていった。間もなく娘の息が絶えるかと思うほどの悲鳴が、乞食の耳に響いた。その悲鳴が止むと同時に男は部屋を出た。「閉めろ」と男が命令して、錠は閉まった。

乞食は夢ではないかと思った。しかし確かに夢ではなかった。この目ではっきりと見たではないか。そこで、乞食は「さっきのあいつは誰だ」と錠に聞いてみた。

「人間ではない」と錠が返事をした。

「それでは、なんだ」「黄ムカデだよ」「何だと」「あの向こうにある畑に住んでいるのさ。大きな岩の下のあたりだよ。とにかく夜になると人間に化けて、この娘を苦しめている。たぶん娘が苦しがって死ぬまで苦しめるはずだ」

そうだったのか。黄ムカデだったのか。乞食は、どうしたら退治できるか聞いた。錠は「とても難しいが方法はある」と言って、乞食に耳打ちをした。

次の日、乞食は寡婦を訪ねて物乞いをした。寡婦が乞食に施しものを与えると、礼を言ってから話を始めた。

「おばさん。娘さんと同じ部屋を使わないのですか」「何でそんなこと聞くの」「昨夜、この近所で寝たのですが、真夜中に娘さんの悲鳴が聞こえたのです」「私も知っているが、どうすることもできなくて困っているのさ」

乞食が、その男は実は人間ではなく、黄ムカデだと伝えると、寡婦は大変驚いた。

「それはとんでもないことだが、どうにかして黄ムカデがやって来ないようにできないものか」

「できることは、できるのですが」と乞食が言いよどんでいると、寡婦は「ムカデを退治してくれたら、どんな願いでも聞く」と懇請した。

乞食は炭の罐《かん》を五つ用意させ、鍵が教えてくれた通りに、畑を訪ねた。畑には本当に大きな岩があった。乞食は岩の周りに炭をまんべんなく置いて、火をつけた。炭火が燃え上がり、間もなく岩は熱くなり始めた。するとたちまち岩の下から大きなムカデが一匹這い出てきた。しかし周りは火の海で、ムカデはあちこち逃げ回ったが結局焼け死んだ。

その日の夜から若者は現れなかったので、寡婦は喜んで「この恩をどうやって返せばいいのか」と言いながら娘と結婚してほしいと頼んだ。

乞食は「ムカデの妻と暮らすことはできない」と言って即座に断った。

寡婦は、「それではどうしたらいいだろう。どんな願いでもいいから言ってごらん」と言った。

そこで乞食は「娘さんの部屋の扉を閉める錠をください。黄ムカデを退治したのは錠のお陰です。神通力のある錠に違いありません」と答えた。

乞食の奇妙な望みを聞いて寡婦は驚いたが、たかが錠だ。寡婦は快く差し出した。

乞食はその後、占い師になったが、錠のお陰で何でもよく当たり、金持ちになって幸せに暮らした。

（一九五六年に済州島で、沈聖麒が記録）

【解説】

韓国の家屋には、日本のような雨戸や障子のような引き戸がありません。すべて開き戸で施錠することができます。部屋の戸（門）は、内と外を仕切る境界ですから、幸運を招き入れたり、邪気を払ったり、不思議な力をもっています。

この話の門（戸口）の錠が、家の秘密や、邪気を払う方法を知っていたのは、そのためだと思われます。

日本にも、昔から〈襖《ふすま》の引き手の引き方〉や〈敷居《しきい》の跨ぎ方〉には、厳しい作法がありますが、これも境界の神を恐れる信仰のなせる業だと思われます。

4　熊と猪のカニ退治（KT143）

何百年も生き続けている熊と猪がいた。二匹は、あちこちの山を歩き回っていたが、ある時ある所で偶然に出会った。

熊が猪に「猪さまですね」と言うと、猪は「そうですが、熊の旦那さまですね。どちらの山に住んでいらっしゃいますか」と言った。

熊は「はい、私は済州島の漢拏山《ハルラサン》に住んでいます」

猪は「いいところに住んでいらっしゃいますね。私の故郷は、山々の祖先である白頭山《ペクトゥサン》です」と言った。

熊は「ああ、大きな山にいらっしゃるのですね。私たちが今日こうして会うことができたのは、とてもうれしいことです。ありがたいことです」

猪は「そうですね。今日は運がよくてここで会うことができました」

熊は「私たちお互いに南北に分かれているのに、このように会うのは本当に珍しいご縁ですね。私の一生の夢は世界中を歩き回って、人情風土と山川景観を見物することです。せっかくですから、一緒に旅していただけませんか」

猪は、長い口をバクッと開けて唾を垂らしながら「本当に嬉しいお言葉です。私も世界中を旅したいという心はいつも持っていましたが、適当な同行者がいなくて嘆いていたところです。そこにこのお言葉を聞いて一も二もなく賛成です。それではさっそく出かけましょう」と言って熊と一緒に道に出た。

熊と猪は山々を歩き回って、いろいろなところの景色を愛でた。

しばらく歩いて、熊は「私たちがこのような姿のまま歩き回ると、面倒なことになりかねません。いっそ人間に姿を変えませんか。私は漢拏山の神さまから変化の道術を勉強したので、難しいことではありません」と言った。

猪が「そりゃいい考えですね。私も白頭山の道士から人に変化する法を学びました。私は商人になりますが、あなたは何になりますか」

熊は「私は若者になります」と言って、熊と猪は若者と年取った商人に変化して、また歩き出した。

ある日、日が暮れたので村に入って、ある家の主人に「今晩一晩泊めて下さい」と頼んで、夕飯を食べるとすぐに眠くなって寝ようとした。するとちょうどその時、隣の家から泣き声が聞こえてきた。たいへん奇妙なことだと思って、主人にそのわけを聞いた。主人は「ほかでもありませんが、この裏の山陰《やまかげ》の洞窟に、長く生きている大きなカニがいるのですが悪さがひどくて、多くの人の命を奪うので村の人たちがこれを止めさせるために毎年一人づつ生贄を洞窟の前に置いて、祭りをするのが前例となっています。それで、家ごとに順番に一人ずつ出しているのですが、今年は隣の家の番になったので、悲しくて泣いているのでしょう」と説明をしてくれた。

猪はカニの所業を聞いて心を痛め、熊にこう言った。

「こんなことを聞いて助けてやらないわけにはいきません。私たちがあのカニの奴を退治して、こんなことが二度とないようにしてやりましょう」と隣の家の主人を訪ねた。

涙を流しながら出てきた主人と挨拶を交わしてわけを聞いた上で、猪は主人に「心配しなくても大丈夫。私たちがお嬢さんを救ってあげましょう」ときっぱり言った。

猪は若い娘に「もう泣かないで。私が助けてあげます。だから言うとおりにして下さい。あなたの服を私に着せて下さい。そしてあなたは私の服を着ていて下さい。そしてどこかに隠れていていなさい」

次の日、村の人たちが娘を迎えに来たると猪は若い娘の姿になっていた。猪はその人達の後についていき、洞窟の前に座って待った。

しばらくするとひやっとした気が漂い始め、凶悪なカニが前足を上げて、自分のところに走り寄ってきた。猪は若い娘の姿から本性を現して、強く鋭い左右の牙で追いかけ、カニに思いっきり噛みついた。カニはびっくりしてすぐ洞窟に逃げ込んで隠れてしまった。猪はそのカニを退治することができず、悔しく思ったが村に帰った。

次の日、熊と猪が旅を続けようと道に出ると、目の前に大きな川があった。橋もなく船もないので、どうやって渡ろうと考えたが、亀に変身して泳いで渡ることにした。

渡る途中で、大きな亀に会ったので挨拶をして、どこに行くかと聞いた。亀は「向こうの山に住んでいるカニが重傷を負ったという知らせが来たので、見舞いに行こうと思います」と答えた。

猪と熊の亀は、「そうですか。それでは私たちもお供します」と言って一緒に洞窟に行った。

亀がまず最初に入って見舞った後、外に二人の友だちが見舞いに来ていると言った。カニが入ってくれるようにと言ったので、亀は二匹の亀を案内した。二匹の亀は、洞窟に入るとすぐに熊と猪に変身してカニを噛み殺した。

熊と猪はまた若者と商人になって、村に引き返してカニを退治したと言うと、みんな喜んで集まってきた。村人が洞窟に行くと本当にカニが死んで粉々になっていた。それを見て村の人々は、お祝いと恩返しのために宴会を開くことにした。

宴会が終わると、商人と若者にお礼を言って、何か願いがないかと尋ねた。

二人は、「私たちは、ほかに何もいりませんから、牛を二頭ください」と言った。
そこで、村人は屠殺人を呼んで牛二頭を屠ると、商人と若者は熊と猪の姿にもどって二頭の牛をたいらげて、また旅を続けた。
村人たちは、この不思議なできごとに驚いて、夢とも現《うつつ》とも知れなかった。

（沈宜麟『朝鮮童話大集』〔一九二六〕より）

【解説】

広い世界を知ろうと旅に出た主人公が、不思議な力をもった仲間と出会い、旅を続けるうちに、魔物の人身御供に上げられそうになった娘を助ける話は、日本でも「力太郎」として知られています。

日本の話の主人公は、「こんび太郎」「すねこたんぱこ」などのように、子どものない夫婦に授かった不思議な力をもつ若者ですが、韓国の場合は漢拏山《ハルラサン》の熊と白頭山《ペクトゥサン》の猪という山の神や道士の下で修行しを変身する力を身につけた動物です。

なお、この話を収めた沈宜麟（一八九四〜一九五一）の『朝鮮童話大集』（一九二六）は、ハングルによる優れた民話集で、長らく埋もれていましたが、日本の東京外語大学の図書館で崔仁鶴が発見したことにより、初めて研究者の知るところとなった貴重な資料集です。

沈宜麟は、ハングルの普及に努めた優れた言語学者でしたが、朝鮮戦争の最中に共産主義に共鳴した学生を助けた罪に問われ、釜山刑務所に収容されて一九五一年に獄死しました。

5　ロバと犬とニワトリの鬼神（KT144）

むかし、ある令監《ヨンガム》がロバと犬とニワトリを、十年も飼っていた。

ある日、主人が一眠りした後、馬小屋に行ってみると、ロバが汗を流していた。

その次の日も同じだった。

おかしいなと思った主人は、次の夜、馬小屋の隅で菰《こも》をかぶってようすをうかがっていた。

夜が深まり、ニワトリが三度鳴き、三回くるりと回って立派なソンビになった。ソンビは馬を引く召使を呼ぶと、犬が来て三回でんぐり返って人間になり、ロバを連れて来てソンビを乗せて家を出た。

そこで主人が後をつけていくと、ロバは山奥の方へ歩き続け、大きい岩の横に着いた。そこには大きなムカデの洞窟があった。ニワトリのソンビはムカデに「私たちはいつ死んで、転生できるのか」と聞いた。

ムカデは「私が行って、その家を皆殺しにしなければいけない」と言った。そして「その家には、十年たった油がないか」と聞いた。それがムカデの体に触れると死ぬからだ。

すると獣たちは絶対そんな物はないと否認して、ぜひ来てくれるように頼んだ。

するとムカデは、「それでは三日後、夜が深くなってから壁を乗り越えることにしよう」と言った。

これを知った年寄りの主人は、ご飯も喉を通らないほど心配した。その姿を見た妻がそのわけを聞いた。

主人がこれまでのことを話すと、妻は十年たった油があると言った。妻が嫁入りする時持ってきた髪油が使われずに残っていたのだ。妻は、それを家のあちこちに撒いておいた。

ムカデがやって来るという日、家族が居間に集まって震えていると、とつぜん風がざあーと吹いて、ドシンと音がした。家族は怖くて、しっかり抱き合って一夜を明かした。

朝になって出てみると、足に油をつけた大ムカデが、丸くなって死んでいた。そして道には、ニワトリ、犬、ロバが死んでいた。それから後、家族は幸せに暮らしたという。


（一九五五年に京畿道水原市南番洞で、金昌〔七十四歳〕から任東権が聞く）

【解説】

年を経たニワトリ、犬、ロバが転生を願って飼い主に仇《あだ》を成《な》す話です。

韓国民話の世界では、千年生きた蛇やムカデが龍に転生することを願う話はよく見られますが、人に長く飼われた家畜が「鬼神」となって人に害を及ぼすという話もあり、「犬は十年、ニワトリは三年飼うと人の言葉や動作をみな知るようになる」と言われています。

とくにニワトリは、時計のない時代には夜明けを告げ、オニの時間である夜と私たちの時間である昼とを分かつ大切な役割を担っていたために特別視されていました。

日本の話でもニワトリは昼と夜を分かつ〈時を告げる特別な存在〉で、「地蔵浄土（おむすびころりん）」のように、ニワトリが鳴くと鬼が金銀をおいて逃げ出す話が各地で語られています。夜は、神や祖霊が訪れる神聖な時間であると同時に、鬼神の支配する魔物の時間でもあったのです。

しかし日本には、ニワトリそのものが変身して仇を成す話は見られません。

なお、この話の最初に登場する「令監《ヨンガム》」という呼称は正確には「大監《テガム》」に続く高位の為政者を指しますが、この話では村の老人に対する好意的な敬称です。

韓国には、この話のほかにも、ある時、新羅の功臣・金庾信《キムユシン》が訪ねてきた老人を部屋に通し、「昔のように姿を変えることができるか」尋ねると、老人はまず虎になり、ついでニワトリとなり、鷹となり、最後に犬になって外に消えたという話や、百済末創建の名刹・皐蘭寺《コウランサ》で一人の少年が読書していると一人の女性が現れ、ニワトリが夜明けを告げると姿を消したというなど、昔から多くの不思議な話が伝えられています。

6　追い出された主人（ＫＴ１３１）

むかし、暮らしのとても貧しい家があった。しかしどんなに貧しくても家畜に食べさせる物はあった。

この家のネズミは台所に出てきては、もらった餌を食べていた。それで、このネズミはとても体が大きくなった。そして、ある日、姿を変えてこの家の主人を装うようになった。家族みんなが集まって話し合ったが、どっちが本物の主人か分からない。

そこで、家族は二人の主人を前にして試してみることにした。

「この家には家族が何人いますか」

「祖先のお墓はどこにありますか」

「御主人は、今年何歳ですか。そして生年月日と、生まれた時間は」

どんな質問をしても二人は正しく答えた。

そこで最後に「うちの家にはサジが何本ありますか」と聞いたら、ネズミの化けた主人は正しく答えたが、本当の主人は知らなかった。ネズミは毎日台所に住んでいるので分かっていたが、本当の主人は台所に入った事もないので分からなかったのだ。

家族は偽物の主人を家に置いて、本当の主人を追い払うことにした。

家から追い出された主人は、あてどもなくさまよっていたが、ある日、山奥を歩くうちに、日が暮れて夜になった。泊まるところがないのでどうしようかと考えていると、遠くに灯りが見えた。

灯かりの方に向って歩いていくと小さな家があって、年老いた母と娘が二人で暮らしていた。

「私は旅の者ですが今晩一晩泊めてはもらえませんか」と聞くと、老母は喜んで迎えてくれた。

「よく来てくれました。あなたが私の家を訪ねたのも何かの縁でしょう。私の家には年頃の娘おりますので、聟になって下さいませんか」と頼んだ。

男は、行く当てもないし、ここに泊まるのも悪くはないと思って老母のいうとおりにした。ところが夜中になると、巨人のような醜い男が四人家に入ってきて、「おかしいな。人間の臭いがする」と言った。

男がびっくりして目を覚ますと、老母は「聟よ、心配しないで。私がいるから大丈夫です」と言った。

醜い男たちは老婆の息子で「おかしいな。人間の臭いがする」と臭いを嗅ぎまわった。

老母は息子を叱りながら、「何を言っているんだい、私が人間を隠したというのかい」と言った。

すると息子たちは、「いいえ、そんなつもりで、言ったんじゃありません」と言って、すぐ眠ってしまった。

それからしばらくすると、男はその生活にも慣れて、歳月が過ぎて子どもまで産まれた。

ある日老母は彼に「一つだけ守って欲しいことがあります。夜になって一度目を閉じたら途中で絶対に開けてはいけません。そして周りを見回してはいけません」と言った。男は分かったと答えたが気になってしかたがなかった。

そしてある日、男は夜中に目が覚めた。そして、こっそり周りを見回すと、自分の妻や老母、息子達がみんな虎の姿をしていた。

次の朝目を覚ますと、老母はすでに男が約束を破ってしまったことを知っていて、「あなたが私たちの正体を知ってしまった以上、ここで前と同じように暮らすことはできません。だから家に帰ってください。きっといいことがあるでしょう」と言った。

男は息子を連れて家に帰った。途中で息子を見ると、いつの間にか猫の姿に変わっていた。彼は、たとえ猫でも自分の子どもには違いないと思って、胸に抱いて家に帰った。むかしから「人と虎の間に生まれる子どもは猫になる」と言われている。

家に帰ってみると、あの偽物の主人が、まだ主人になりすましていた。彼は家の中に入ると、胸に抱いていた猫を放した。猫は偽物の主人を見た瞬間、飛びかかって噛みついた。偽物の主人は、悲鳴を上げながら倒れて、大きなネズミとなった。そこで、家族たちは、これまで偽の主人に仕えていたことがわかった。

本当の主人は、再び家の主人におさまり、残りの人生を幸せに暮らしたということだ。

（一九七二年に江原道原城で、李鎬泰〔三十八歳〕から崔仁鶴が聞く）

【解説】

これは、一九七二年八月に崔仁鶴が江原道原城で三十八歳の李鎬泰から聞いた話です。同じタイプの話を『朝鮮民譚集』に収めた孫晋泰は、一九二七年六月二日に慶尚南道馬山で明周永からそれを聞いています。

孫晋泰の話では、寺で修行する若者が爪を切った後で小便かけると、ネズミがそれを食べて若者に変身し、本物の若者を追い出してしまいます。幸い、若者は山中で一夜の宿を貸してくれた女から薬を授かり、その薬の力でネズミを退治します。

孫晋泰は、その話について「一体これは、青年が捨てた爪や尿によって、青年の精気がそれらを食べたり嘗めたりしたネズミに移ったためである。（中略）だから、爪を切ったらそれを一々集めて鼻息をそれに通し、必ず小便壺の中に捨てねばならぬ」と結んでいます。

孫晋泰は、さらに一九三〇年五月に全羅南道麗水で金東斌から、これとよく似た話を聞いていますが、金の話には小便の件はなく、「山寺で読書する青年が竹筒の中にためておいた爪をネズミが齧り」青年に変身したと語ったといいます。いずれも「爪を粗末に扱ってはならない」というタブーを核とした話になっています。

7　末娘とネズミの夫（ＫＴ２０４）

むかし、ある家に年ごろの娘が三人いた。みんな嫁に行く年になったが、貧しくて嫁に行けなかった。親はしかたなく娘たちを集めて、「お前たちをみんな嫁にやらねばならないのに、お金がなくて年だけがいってしまう。家にいる必要がないから、みんな家を出て腕を活かして身をたてておくれ」と言った。

三人の娘は、家を出ることにした。三人は一緒に行くわけにもいかないので、別々に別れて行くことにした。そこで、三本の木を伐って木の倒れる方に、行くことにしたが、長女は西の方に、次女は南の方に、三女は東の方に行くことになった。そして別れて五年後にまたここで会うことにした。

長女と次女は平地を行き、人の多いところで夫と出会い、満足に過ごしたが、三女は泣きながら険しい山奥に入ることになった。険しい山を歩き続けていたが、疲れてとうとう倒れてしまった。ところがしばらく寝て目を覚ましてみると、立派な部屋で横になっているではないか。びっくりして起き上がると、ネズミたちがご飯を持って入ってきた。三女は驚いたが、ネズミたちはもてなし上手だし、お腹もすいていたので、ご飯を全部食べた。そうしてその日からネズミの王さまと過ごすことになった。

歳月が過ぎ、五年が経った。お姉さんたちは、みんないい夫を持ち、幸せに暮らしていたが、私だけがこんなふうにネズミを夫にして暮らしているのでどうしようと心配をした。だがしかたないので、ネズミの夫に挨拶をして、家に帰った。二人のお姉さんはすでに帰っていて、お互いに父親と母親に、夫のことを自慢していた。三日目に、三人の娘たちは餅を作って持ち寄って、味比べをすることになったが、三女はどうしようもなく、何も言わずに山奥の家に帰った。

そして、その日から三女はふさぎ込んでしまった。実家から帰ったあと、三女が心を痛めているようすに気づいたネズミの夫がそのわけを聞いたので、三女が正直に話をすると、その話を聞いたネズミの夫は「心配しなくていいよ」と言って、三日目の朝には召し使いたちに餅を作らせた。

そこで三女はネズミが作ってくれた餅を持って実家に帰った。ところが、どうしたことか、三女が作ってきた餅が一番おいしかったので、親たちはとても褒めた。

姉たちは褒められた妹を見て、悔しくなって嫉妬した。そこで、次は三人が布を織って腕比べをすることにした。しかし布もやはりネズミたちが織った布が一番いいと褒められた。

親は、きっと三女の婿が一番すばらしいのだろうと思って、娘たちに婿を連れて帰るようにと言った。

これを聞いた三女は、家に帰ってまた思い悩み始めた。思い悩んでいる妻を見たネズミの夫は、そのわけを尋ねた。そこで、これこれしかじかと話すと、ネズミの王さまは気まずくなったのか、部屋を出て行ってしまった。そして、困ったことに、その日が迫ってきた。

気だてのよい三女は、仕方なくネズミの夫と一緒に帰った。ネズミたちは小さな輿を作ってネズミの王さまを乗せて行った。三女は、そのようすがおかしかったが、やはり心配でとぼとぼそのあとを着いていった。

ところで、実家に帰る途中に大きな川が流れていたが、その川を渡ろうとしたネズミたちは川に落ちてしまった。夫がいなくなったので、三女は悲しくて泣いていた。すると、急に水の中から眩いばかりの金の輿と召し使いたちが現れた。

その輿から金の冠をかぶったソンビが降りてきて、地面に伏して泣いていた三女を慰めて、自分がネズミの王さまだと言った。ネズミが人間に生まれ変わったのだ。二人は輿に乗って実家に帰った。

これを見た二人の姉は、腹が立って逃げ帰ってしまい、三女は両親に仕えて、幸せに暮らして、生涯を終えたという。

（一九六七年八月九日に忠清南道天原郡聖居面松南里で、金弘東から任東権が聞く）

【解説】

地下に不思議な世界があり、そこにネズミの国があるという話は「ネズミ浄土」をはじめ日本でもよく見られます。しかし、そこにネズミの王がいて、そのネズミの王と結ばれた娘が幸せになる話は、日本には見られません。

しかしヨーロッパでは、「三人の兄弟が父親の王の命令で、立派な布や宝物を探す競争をして、末の息子が地下に住む〈ネズミや蛙の妻の援助〉で見事に勝ち、最後に美しい花嫁を連れてくる」という「ネズミの王女」の話が、よく知られています。

韓国のこの話は、三人兄弟ではなく三人姉妹の話ですが、構造的には「ネズミの王女」の男性版と考えていいでしょう。

8　山猫の変身（KT140）

むかし、政府の要職を務めた金壽翼《キムスイク》がソウル南大門の内に住んでいた。

彼は、若い頃、毎日夜遅くまで漢文を学ぶのが常であった。

ある日、夜遅くお腹が空いたので、彼の妻に何か食べ物を持ってきてくれるように頼んだ。すると妻は、「家の中には栗が七、八つぶしかありません。それでも焼いて持ってきましょうか」と言った。そこで彼は、「それはいいね。持ってきてくれ」と答えた。

召し使い達はみんな寝ていたので、誰も呼ぶ声に答えなかった。仕方なく妻が台所へ行って火をたいて、手ずから栗を焼いた。その間、彼は妻が来るのを待っていた。

しばらくして彼女は、小さな篭に焼いた栗を入れて持ってきた。彼はお腹が空いていたので、とてもおいしく食べた。

妻は机の前に座って、食べ終わるのを待っていた。すると急に戸が開いて、一人の女が入ってきた。金は目を見張って見ると、自分の妻とまったく同じ顔の女が焼き栗を篭に入れて持ってきたのだ。二人の女を灯火の下でよく見比べたが、二人はすっかり同じ顔だった。

二人の女もびっくりしてお互いにあちこちを見比べながら、「世の中にこんなことが起こるなんて。いったいあなたは誰よ」と言い争った。

金はもう一度焼き栗を受け取りながら、初めの女を彼の右手で、もう一人の女を左手でしっかり掴んで、夜明けまで座っていた。

やっとニワトリが鳴いて、夜が明け始めた。その時、彼の右手に掴まえられた女が、「どうして私を掴まえているのですか。痛いから、放してください」と言った。

彼女は手を振り払って抜こうとしたが、金はしっかり掴まえていた。お互いに引っ張り合っていたが、女は床に倒れると急に山猫に変身したので、金はびっくりして女を放した。

山猫は門から逃げた。彼がその獣を最後まで掴まえていなかったことが、千秋の遺憾である。

（任堕『天倪録』所収「手執怪狸恨開握」）

【解説】

任堕（一六四〇〜一七二四）の『天倪録』に見られる「手執怪狸恨開握」をもとにゲイル（James S. Gale）が『韓国の民話（Korean Folk Tales）』（一九一三）に記録した話です。『天倪録』は、十七世紀末から十八世紀初頭までに当時の両班の男たちの間で語られた野譚を集めた野譚集で、ゲイルは、そのうち三十七話を紹介しています。ゲイルによれば、この話の主人公の金壽翼《キムスイク》は一六三六年に後金（後の清）の侵攻に窮した国王・仁祖が南漢山城に逃れたときに王に従い、後に徹底抗戦を主張して、官を辞したと言いますから、筆者の任堕より少し年上の同時代人であり、この話は、おそらく実際にあった話として当時の両班たちの間で語られた一種の「世間話」「噂話」であったのでしょう。

9　猫の報恩―頭巾をかぶった猫―（KT127）

ある人が、一匹の猫の子をとても可愛がって、朝夕の食事を食べる時、いつも肉のおかずとおいしい食べ物をいっしょに食べて育てていた。猫はそれが習慣となって、食事をする時になると、お膳の横に来て、食べ物をくれるのを待っているようになり、もし主人が忘れるようなことがあると、ニャンニャンないて、ねだって、食べて育った。

ある日、主人が突然病気になり、いつまでも長引いていた。あちこちの医者に診てもらい、いろいろな薬を使ったが、まったく効力がなく、少しもよくならなかった。

ある医者がいうには、「この症状にはどんな薬を使っても無駄だろう。ただ一つ治る薬があるが、にわかに得ることが難しい。使い方さえうまくすれば、ただちに快癒するが、きわめて難しい」と心配しながら、舌打ちをした。

主人はこの言葉を聞くと、「いったいその薬は何の薬ですか。それを得るのが難しいというのはどういうことですか。早くその薬の名を教えて下さい」と聞いた。

医者の返事は、「それは他でもない。ネズミ千匹を手に入れて食されれば、たちまち快復なさるでしょう」と教えた。

病人は家族全員を集めて考えたが、ネズミ千匹を手に入れるという無理難題にはどうしようもなくて、死ぬしかないと溜息をつくばかりたっだ。

猫はそのようすを横に座って見ていたが、「そうだ、こういう時こそ、主人のご恩に報いなければ」と呟いて、外に飛び出していった。

猫はどこかで喪の折に被る頭巾を手に入れて戻ると、頭にかぶってネズミの穴を訪ね、ネズミが出てくるのを待って座った。

しばらくするとネズミが一匹出てきたが、猫がネズミを狙って座っているのを見て、驚いて飛んで穴に入った。そのあとまた心配そうにこっそり穴の外に顔を出すようにして、猫がいるかどうか捜しながらキョロキョロ見た。

この時、猫はそれを見て、大声で咎《とが》めた。「おい、こいつ。これしきの穴に隠れて出入りしているくせに、俺さまが近ごろ親の喪に服しているのを知らないのか。お前たちの誰一人、悔やみの一つもないではないか。そんな道理が、いったいどこにあると言うんだ。いつまでそんなことを続けていると、お前たちがいくら土の中に隠れていても、人夫を呼んで鍬やツルハシで土を全部掘り返して、皆殺しにしてやるぞ」と怒鳴りつけた。

ネズミは恐ろしさに駆られて、たくさんのネズミを呼んで会議を開き相談した。するとで度胸のあるネズミがいうことには、「いや、そうではあるまい。修人事待天命（人事を尽くして天命を待つ）という言葉もある。いくら悪どい奴でも弔礼の間に、まさか悪さをするわけがない。もし怪しげな振る舞いがあれば、私たちは全滅させられるかもしれないので、私が先にいって弔問の挨拶をして、あいつのようすを見てくるからな」と五分五分の勝負に出た。

猫が、頭巾をかぶったまま座り、少しも取って食おうとするようすがないので、ネズミは、安心して前にいってお辞儀をして、本当のお悔やみかどうか確かめた。そして「私は愚かな者で、あなたさまが、先だってから喪に服されているとは露知らず、すぐに弔問の挨拶に伺わなくて申し訳のないことでございます。許して下さるのを切に望みます」と謝罪した。

猫はきわめて恭しい態度で、弔問の挨拶を受けたので、このネズミはうれしくなってすぐに帰り、たくさんのネズミに疑う余地はないし、一切の疑惑もないから、早くいって悔やみをしてきなさいといった。

多くの弔問の挨拶を順番で行ったが、猫は相変わらず普段どおりにもてなしを続けていた。そしていうことには、「みなさん。数が多いので、私一人で一つ一つ応対するのが大変です。他の方法を捜さなければいけません。まことに申し訳ありませんが、みなさんの宗族（姓名と本貫が同じ血縁集団）をみないっぺんに訓練院の広い庭先に招いて、一度に弔問の挨拶を受けられるようにしてはどうでしょう。某日某時に一度に私の家に来て下さるよう、お願いしたいのですが」と頼んだ。

するとネズミたちみんなは、このことをそれはいいだろうと了解して、応諾した。そして約束をしてそれぞれの場所へ行って、ネズミたちに通知した。

約束した日になり、果たして四方八方からネズミの頭が訓練院の庭先に数珠繋ぎになって押し寄せ、広い庭がいっぱいになった。その時に猫は、ちょうど友だちの猫を数匹あらかじめ呼んでおいて、見えないところに待ち伏せさせておいた。そしてたくさんのネズミが全員出てきて整列し、弔問の順番を待っていたが、頭巾をかぶった猫はその真ん中に出て、急に大きな声で友だちの猫を呼んだ。すると待ち伏せしていた猫は、飛び出してネズミを噛み殺し始めた。するとあっという間に数千匹になった。

猫は家に帰り、家の人の服を引っ張るので不思議に思った家の人が行ってみると、ネズミが数千匹捕って置かれているので、とてもうれしくなってすぐに荷役を呼んで運ばせ、薬に使った。そして病気が治ったということだ。

この猫の恩返しは、心ばえも、知恵も大したものだ。

（沈宜麟著『朝鮮童話大集』〔一九二六〕所収）

【解説】

日本民話の「ネズミ退治」によく似た話です。「ネズミ退治」には、さまざまのタイプがありますが、なかに「飼い主の娘が病気になり、それがネズミの祟りであると見抜いた猫がネズミと戦って倒す」という話があります。

韓国の話で興味深いのは、猫が喪に服すふりをして弔問客のネズミを集め、一気に食い殺すというエピソードです。伝統的な韓国の葬儀は、たいへん大掛かりで、喪主は麻の喪服と喪帽をつけて、弔問を受けます。この話は、この民俗をたくみに映しています。

忠清南道の燕岐や公州の近辺（現在の世宗市）には、〈百年を経た狐が化けた花嫁〉を追い出した猫の恩返しの話が伝えられています。飼い主の崔進士の長男が結婚した初夜の晩に、なんと花嫁が二人現れて区別できずに戸惑っていると、崔進士の愛猫がニセの花嫁に飛びかかり狐の正体をあばいたというのです。

Ⅵ　虎

1　猟師の息子の仇討（ＫＴ２８９）

むかし、金剛山《クムガンサン》に多くの虎がいた。それで多くの猟師たちが金剛山へ虎をつかまえに行ったが、虎の餌食《えじき》になって、永遠に帰ってこないことが多かった。

金剛山のすぐ下に、小さな村があった。この村に、一人の猟師が住んでいた。この猟師は一度狙った獣は、絶対見逃すことがないほど腕がよかった。しかしある日、彼もやはり金剛山の奥まで虎を捕まえに行った。そして永遠に帰ってこなかった。この時、猟師の妻は、子どもを授かっていた。月が満ちて生まれてみると、きれいな男の子だった。

遺腹子（父親がなくなってから生まれた子）のこの子は、お母さんの愛情をいっしんに受けて、よく育った。そしてしだいに成長して若者になり、父のあとを継いで弓を射ることを習った。

何年間かお母さんの厳しい教育を受けて弓を射る訓練を繰り返した若者は、ある日、お母さんに、「お父さんの怨みを晴らしに、金剛山に入ります」と言った。この言葉を聞いたお母さんは、とてもびっくりして飛び上がった。しかし、若者は一度決めた決心が、ゆるぐことはなかった。

やっとお母さんは「お前の決心がそうだったら、私が壺に水を汲んで遠くに立っているから、壺に当ててご覧なさい」と言った。

もし、若者が不注意でお母さんを射ったら大変なことになる。若者は狙ったがやはり射ることができなかった。

「それ見なさい。お前のお父さんなら立派に射ったはずだ。そんな腕でもお前のお父さんは失敗をしたのだから、お前が敢えてお父さんを探しに行くのは無理だ。もっと練習をしなさい」と、お母さんは優しく言い聞かせた。

若者は、その後三年間、勤勉に訓練に励んだ。やっとお母さんも彼の実力を認め、金剛山に入ることを認めた。

若者はただ復讐心に燃え上がっていた。彼は弓を携《たずさ》えて金剛山に入った。夜が深くなり、道は険しくなって、もう歩を進められなくなった。四方を見回すと、遠くぼんやりとした灯火が光っていた。彼は勇気を出して、灯を探しに行った。

「すみませんが、道を行く若者です。道が険しくて、人家もないので、仕方がなく尋ねて来ました。一晩だけでいいですから、泊めてくれませんか」と若者はお願いをした。すると門が静かに開いて、白髪のお婆さんが出てきた。

「むさくるしい部屋だが、入ってください」

若者は白髪のお婆さんと向かい座って、自分がなぜ金剛山に来たかを詳しく話した。するとお婆さんは言った。

「夜が明けたら迷わずにすぐ山を下りなさい。ただ大切な命を奪われるだけですよ」

「一人前の男としては、一度決心して出かけた道を、危険だからといって引き下がることはできません。私は命をかけることを決心して出てきた身です。父の遺骨を探して埋めてさし上げないと、家へ帰れない身です」

お婆さんは、若者の孝心の極みをみて、感嘆した。

「しかしお前の弓の腕前では、お父さんの復讐は別としても、それより先につかまえられてしまうよ」

若者はじわじわと怒りが湧き起こったが、じっと押さえてお婆さんをまっすぐに見て言った。

「私の腕も見ずに、なぜそんなことをいうのですか」

「おお。私にはよくわかる。今のようすでは、到底復讐しに行けないよ。ここで泊まって、もっと訓練を積んだあとにしなさい」とお婆さんは、強い口調で言った。

若者は、このお婆さんは普通ではないことに気がついて、頭を下げてお辞儀をして、そこに泊まりながら訓練することを決心した。

夜が明け、若者はお婆さんの指示通りにこつこつ励んだ。お婆さんが煮てくれた山人蔘を飲みながら、力をつけて弓を射る修行を重ねた。遠くに大根を結びかけておいて、弓を射ったが、最初は何度も失敗した。しかし三年が過ぎると、百発百中に命中するようになった。

それである日、お婆さんは若者を呼んで、このように言いった。

「もう出かけなさい。しかし一つ肝に銘じることがある。それは人を信じないことだ。金剛山の虎は、長生きをしたため、変身が上手だ。本当の人か虎かをしっかり見分けをして、たとえ人だと言っても胸を弓で射貫くのだ」

「はい、肝に銘じます」

若者はやがてお婆さんと別れをして、険しい山奥へ入っていった。二日間歩いて、やっと金剛山の奥まで入って行った。四方は寂しく、人家もなく深く険しい山奥だった。しかし若者がしばらく歩いていくと、一人の僧侶が山から下りてきた。

「チョンガー（若者）、チョンガー、私と一緒に行きましょうか」

僧が近づいてきた。若者も寂しかったので、一緒に歩けば退屈しないと思い、僧が近づいてくるのを待った。しかし歩きながらチラッと僧の袈裟の下を見ると、虎の尻尾が見えた。

「こいつは虎の化けものだったか」と若者は背中がぞっとした。

しかし若者は勇気を出してすぐ僧の胸に向かって弓を射た。赤い血が溢れ、倒れた僧は、すぐに大きな虎に変身した。

「もう少しでこいつの餌になるところだった」と思って、お婆さんの言葉を思い出した。

また峠を越えると、急斜面のところに、畑を耕しているお婆さんがいた。

「あのう、お婆さん。どっちに行けば大きな虎に会えますか」と若者は道を尋ねた。

「こっちへ行きなさい」とお婆さんは、自分が立っている方の道を教えてくれた。

若者はお婆さんの顔をよく見ると、人の顔のようだったが、虎の鼻ひげが顔についているのがわかった。若者はもう一度弓を取って、狙って射た。お婆さんはやはり倒れると大きな虎になった。

若者は小さな峠を一つ越えた。野原が現れた。すると一人の女が水甕を持ってこっちに歩いて来るのだ。

「すみませんが、喉が渇いたので水を少しくれませんか」と若者が言うと、女は水甕を下ろして水を一杯、ひさごに汲んで若者にくれた。若者は水の入ったひさごを受け取りながら、女の手を見ると、その手は爪が長く、毛が出ていた。若者は水を飲むふりをしながら、弓を取って狙って射た。

今回も女は虎に変身しながら、「こいつめ。お前をつかまえて食べてやる。お前は私のお父さんとお母さんを殺した仇だ」と鋭い歯を出しながら、飛びかかった。若者はもう一度素早く弓を射った。虎は、若者にいまにも飛び掛かろうとした寸前に倒れた。

若者はこのように、死にそうな目に会いながら峠を三つも越えた。

若者は苦労の末に、最後の峠を越えた。正にその瞬間、小さな山のようなものが目の前を遮《さえぎ》った。若者がよく見ると、それは山ではなく、体を縮めて座っている虎の姿だった。若者は素早く弓を取って、狙って射た。しかし矢は、虎の皮と肉を突き抜けなかった。虎は若者を見ると、すぐ口を大きく開けて、飲み込んでしまった。しかし若者の身体はとても小さかったので、虎が噛む間もなく、若者は腹の中に滑り込んでしまった。

若者はトンと滑り落ちると、虎の腹の中はとても広く、谷間のようだった。若者はあちこちと歩き回りながら、調べた。そして弓を見つけた。それを拾ってきれいに拭くと、それは亡くなった父親の弓で、父親の名が刻まれていた。

「こいつが私の父さんをつかまえて食べたのか」と考えると、若者は血まで震えた。

若者はあちこちと歩き回って、しばらく行くと、女のかすかなうめき声が聞こえてきた。若者が声がする方向へ行ってみると、そこには怪我をした綺麗な娘が苦しんでいた。若者は走っていって、娘を助け起こして気を取りもどさせた。

娘は「ありがとうございます。私はこの国の王の娘ですが、兵と狩猟に来て、この虎に食べられてしまったのです。私は運よく命だけは助かったのです。軍人たちは全員食べられて死にました」と話した。

「お姫さま、ご心配なさらないでください。私と力を合わせて、抜け出す方法を探しましょう。私には小さな刀があるので、これで手当たり次第に腹の中をえぐり取ってみましょう」

このように二人は力を合わせて、虎の腹の中を手当たり次第に差したり、切ったりした。天井にふさふさとかかっているものもえぐり取って、でこぼこ飛び出してくるものを切った。

こうして何日間もえぐり取ると、最初は何でもなかった虎が、だんだん腹の中が苦しくなって痛むのに気がついた。これ以上痛みに耐えられなくなった虎は、ぐるぐると転がって走った。また目の前のものを手当たり次第、噛んだり飲んだりして、大騒ぎをした。

二人は続けて刀を振り回した。山を何度も越えて、ぐるぐると転がった虎は、もう疲れ切って横になった。二人が最後まで力を出して腹の皮を切って外へ出て見ると、何十頭もの虎が死んで倒れ、山のような大虎も痛みに耐え切れずに死んでいた。

お姫さまと若者は村に下りて、村人を山にやって倒れている虎を持って来るようにさせた。国ではお姫さまが生きて帰った喜びを、すべての人々と一緒に分け合うために、何日間も宴会を開いた。王さまは勇気のある力強い若者を婿にした。王さまの婿になった若者は、金剛山で自分に武術を教えてくれたお婆さんを訪ねて、多くの財物をあげて安らかに暮らすようにした。

そしてお母さんをお連れして、宮殿に入って幸せに暮らしたと言う。

（一九六〇年に慶尚北道金泉で、林鳳順から崔仁鶴が聞く）

【解説】

この話の主人公は、父親が死んだ後に生まれた〈遺腹子〉です。孫晋泰が記録した類話では、そのために〈父なし子〉としてからかわれますが、修行をつんで見事な腕前の猟師になります。

金剛山と白頭山は、韓国を代表する名峰ですが、いずれも虎の棲家《すみか》としてもよく知られています。

この話に登場する金剛山の巨大な虎は、おそらく金剛山の主で多くの年を重ね、多くの虎を率いていたのでしょう。そうした虎が仇討に向かう息子の前に次々と姿を変えて現れます。

息子が大虎に呑み込まれて生還する件《くだり》は、旧約聖書のヨナや児童文学のピノキオの受けた試練を思わせます。この息子も、虎の腹中で出会った王女と力を合わせて脱出し、試練を乗り越えて成長し、王女と結ばれて、若者から一人前の大人となり、やがて国を治める王となります。

異腹子の少年が、敵討ちの弓の修行に始まる数々の試練を乗り越えて成人するというイニシエーションの物語としても秀逸な語りです。

2　九代続く独子の冒険（KT415）

むかし、ある田舎に九代続く独子（一人息子）の少年がいた。彼の家には代々虎食の悪運（虎に食われる宿命）があったので彼の祖父も、またその先代も、皆十三才のとき、同じ月、同じ日、同じ時刻に虎のため食われた。こうして彼の家は代々独子ばかりつづいていた。

ト術者（占師）に少年の運命を占わせてみたところが、彼もまた虎食の悪運（虎に食べられる運命）があって、もし家にいれば十三のときにはどうしても死なねばならなかった。

家族たちは、はじめは息子を家から出すのを好まなかったけれども、どの卜術者も同じことをいうので、やむを得ず彼を放浪の旅に出させた。

方々を流浪して彼が京城《ソウル》についたとき、彼の年はすでに十三才になっていた。そこで彼は一人の占者にあった。そのとき彼は嚢中《のうちゅう》わずかに百両の銭しかもっていなかったが、彼はそのうちの十五両を投じて占いを乞うた。

占者は彼の運数をみてはじめて大いに驚いたが、しばらく考えたのち「京城の城内に金政丞《キムジョンス》の家があって、その家にはたった一人の娘がいる。某月某日、すなわちそなたが虎食されると言われるその日に、その娘の部屋に隠れていれば助かるであろうけれども、そのほかにはどうするすべもない」といった。

そこで彼は金政丞家の前まで行ってようすをうかがったが、大官の家にやすやすと入れる道理はなかった。

ちょうどその家の前に一軒の小屋があって、そこには一人の老婆がただ一人で暮らしていたので、彼はもっているだけの金を老婆にあたえてその歓心を買い、しばらく老婆の家に寄留することとなった。そしてその間、彼は自分の運命を老婆に打ち明けてそのすくいを求めた。

その老婆は、金政丞の娘の叔母にあたる者（あるいは代々仕えた下女ともいう）であったが、彼女は夫の死んだのち生活に苦しんで、何かちょっとした悪事をしたため、金政丞家に同居することは許されず、その門前に一戸の草屋（藁葺小屋）をかまえて住んでいるものであった。

老婆は、少年が虎食される運命のその日の夕方、盛饌（ご馳走）と酒肴とをこしらえて金政丞家の十二大門の門番たちにおごった。それで番人たちはことごとく酔いしれてしまったので、老婆は少年をスカート（チマ）の下に隠し、まんまと彼を金政丞家の奥深いところまでつれて入ることができた。

そしていよいよ金政丞の娘の部屋に入るとき、老婆は少年を娘の部屋の屏風のうしろにかくし、持ってきた食べ物をおろしながら、娘に「今夜はちょうどなくなったお前の叔父の忌日なので、少しばかりの食べ物をこしらえ、お前のためにこれを持ってきたから食べてくれ」といった。

そして老婆は食べ物を屏風のうしろにしまうや、さっさと出て行ってしまった。しばらくして、金政丞の娘が御馳走を食べようと屏風を押しあけると、屏風のうしろから見知らぬ一人の少年が現れたので、娘はそれをてっきり鬼神とばかり思い、邪鬼を祓う周易《しゅうえき》の文句を読みはじめた。

しかし少年は本体を現しもせず、また消えもせず、依然としてあたりまえの人間であったので、

「あなたは何人で、何のために入って来たのですか」と娘は尋ねた。彼は始終を残らず物語った。すると彼女は可哀そうに思って彼を屏風のうしろ（あるいは押入れの中）に隠しておいた。ちょうどそのとき、隣の李政丞家の娘が遊びにやって来たので、二人はいろいろと歓談を交わしたのち、金政丞の娘は「もし仮りにここへ、こういう境遇の人が現れたとすれば、貴女はその男をどうなさいますか」といった。「それはもちろん救って上げますわ」と李政丞の娘は答えた。そこ

で金政丞の娘は屏風を押しひらき、現れた少年を指しながら「この人がすなわちその人です」といった。李政丞の娘は驚いたが一旦約束した以上仕方がないので、二人の娘は少年を押入れの中に隠し、虎の来る時刻を待っていた。

その時刻になると果たして一匹の大虎が十二の大門を押し破り、金政丞家に入って来た。虎は金政丞の娘の部屋の階下に伏して「隠している少年を出して下さい」と迫った。

二人の娘は厳粛な面持ちで静かに目をひらき、「汝は何たる無礼なことをするか。わたしたちのいるところへみだりに入って来たのは勿論のこと、人を食おうとするのはなおさら許すべからざることである」と叱った。

すると虎は「私はすでに九十九人の独子を食いました。今夜その少年を食いさえすれば、これで天に昇ること（あるいは人間になること）ができます。どうか助けて下さい」と哀願したけれども、娘たちはきかないで周易を誦みはじめた。虎は泣いたり吼えたりしていたが、やがて一番鶏が鳴くと涙をおとしながら出て行った。

押入れをあけてみると少年はすでに気絶していたので、娘たちは重湯をこしらえて飲ませ、ようやく少年を生きかえらせた。そして虎の去ったことを聞いて少年は百拝した。

娘たちは少年に詩を作らせてみた。すると彼の詩はすこぶる娘たちの賞讃を博したので、彼を非凡な少年だとみた娘たちは「明日は科挙の日です。そして二人の考試官はわたしたちの父です。試験の題目はこうこういうのですからこの詩を出して御覧なさい」といって彼女たちが作った一首の詩を彼に示してくれたので、彼はよくそれを暗誦しておいた。

彼は翌朝早く金政丞の家を出て老婆の家で支度を整え、直ちに科挙の場へ赴いた。試験の題目はもちろん昨夜教えられた通りのものであった。彼は教えられた詩を一筆に認《したた》めてこれを右側に坐っている試官の前に投げた。いうまでもなく一番に出したのである。

それを受け取った試官は金政丞であった。金政丞は少年の詩をみて非常に感嘆し、それを膝の下に納めた。右側に坐っていた試官の李政丞もその詩に感心して、この詩を作った者を私の娘の婿にしようと内心に決めた。

少年は壮元及第（一番で合格）して御酒三杯をいただいた。金政丞は彼に婚談を申し込んだ。同時に李政丞もまた彼に同様な申し込みをしたので彼は迷っていた。しかし間もなくあの夜のできた事が判ったので、それを奇縁として金政丞と李政丞とは相談の上、二人の娘を一緒に彼と結婚させることにした。彼を救ったのは二人の娘であったからである。

盛大な結婚宴は開かれた。少年は二人の妻をつれて故郷に帰り、母に孝行し幸福に暮らした。そして彼の家は百代千孫まで栄えたという話である。

（一九二七年六月二日に慶尚南道金海郡進水で、金永周から孫晋泰が聞く）


【解説】

九代独子というには、九代にわたって跡継ぎ息子が一人しか生まれない家系の話です。必ず男子が一族を継承し、血統を守らなければいけなかった韓国社会では、その独子（一人息子）が虎に食われて血統が絶えることは大変なことでした。

この話の主人公は幼くして旅に出て、大家の娘の援助で虎の害を免れます。災難を免れた少年は、娘の知恵で科挙に合格し、二人の妻を得ます。この「両手に花」という設定は奇異に思われますが、日本の昔話にも「夢見小僧」のように東の長者と西の長者の娘を同時に妻に迎える話があります。

3　巫女虎（KT114）

虎の中には踊りの好きなのがいる。（韓国の巫堂《ムーダン》も踊りが好きである）故にこれを巫堂虎《ムーダンホランギ》というのである。

むかし、一人の樵夫《きこり》が山奥で木をきっているところに突然一頭の虎が現れたので、彼はおどろいて高い柳の木の上によじのぼった。

虎は幾度も柳の上におどりあがろうとしたけれども失敗した。それから虎はしばらくの間姿を山奥へ消したが、やがて大勢の虎をつれて来て、一頭が下になったかと思うと他の一頭がその上にのり、さらに他の一頭がまたその上にのりして、だんだん重なってついに最後の虎が樵夫のところまで届くようになったので、樵夫はこの時死を覚悟したが、生来好きであった「柳笛」でももう一度吹いてみようと、柳の若枝を折り、その皮をはいで一つの笛をこしらえ、そしてそれを以って一つの曲を奏した。

ところが意外にも一番下になっている虎がその曲に従って急に踊り出した。その虎は、いわゆる「巫堂虎」であって、笛の音に興じて踊り出したのであった。樵夫がますます熱をこめて吹くと、巫堂虎はますます盛んに踊り出したので、その上に乗っていた大勢の虎は高いところから倒れて、みな死んでしまった。

それでも巫堂虎はなお夢中になって踊り続けているので、樵夫は、その隙に乗じてようやく家へ逃げ帰ることができたという話である。

（一九二三年七月に慶北安東郡河回で、柳某氏から孫晋泰が聞く）

【解説】

これは孫晋泰が一九二三年七月に慶北安東郡河回《ハフェ》で柳某氏から聞いた話です。

韓国の巫堂《ムーダン》は、音楽に合わせて激しく踊ることで忘我の状態に入り、他界と交信しますが、とくに中部地方のシャーマンは跳躍の激しい踊りを特徴とします。このシャーマンのトランス状態と、恐ろしいけれどどこか間抜けな虎を組み合わせた愉快な話です。

獣が肩車してはしごを作り、人間を襲う話は「千匹狼《おおかみ》」として世界中に分布しますが、韓国のこの話は、笛の音に浮かれて我を忘れて踊ってしまう虎が、巫堂に擬せられているところが特徴です。

同じタイプの話でも、日本の場合は「鍛冶屋の婆」と呼ばれ、人を食い殺す恐ろしい化け猫が登場します。

舞いながらトランスする巫堂

4 日と月になった兄と妹（KT100）

むかし、もっと遠い昔の話だ。ある谷の山里にとても貧乏な母親と、三人兄妹がいた。

三人は、母親が毎日山を下りて町に行き、手伝いをして貰ってきた食べ物でどうにか暮らしていた。この日も母親は、日雇いに行く出がけに、家に残っている幼い子どもたちに、「どんな人が来ても、戸を開けてはいけないよ」と言いつけて出かけた。

一日の仕事を終えて、日暮れになり、母親は急いで家に帰ろうとする途中のことだった。家まては、山をいくつも越えて行かなければならなかった。一日の賃銭として貰った餅をハムチ（木をくりぬいて作った容器）に入れて、頭に載せて急ぎ足で最初の峠を越えようとした。ところがその時、大きな虎が母親の前に立ちはだかった。そして口を大きく開け、母親を一気に飲み込んでしまおうとした。

「虎さま、どうか後生《ごしょう》ですから、なんとか命だけは助けてください。この餅を全部あげますから」と母親は、頭の上にあった餅を下ろした。虎は餅を全部食べ終わると、すっと森の中に消えた。母親は、命が助かっただけでも幸いだと思って、二番目の峠を越えようとした。そうしたところが、先ほどの虎が再び現れて、また口を開けた。母親はまた哀願した。

「虎さま、どうか命だけは助けてください。家には小さな子どもが待っていますから。さあ、私の左腕をあげますから、これを食べて」母親は、左腕を突き出した。すると虎は、母親の左腕をかぶりと切り取って食べると、また森の中に消えた。

母親は、めちゃくちゃに走った。三番目の峠を越えようとすると虎がまた現れた。

「虎さま、私の右腕をあげるから、どうか命だけは助けて。家には小さな子どもが待っていますから」

母親は、右腕を突き出した。虎は、母親の右腕をかぶりと切り取るとすばやく食べて、また森の中に消えた。四番目の峠を越えようとすると虎がまた現れた。母親は、今度は左足を虎に与えた。そして五番目の峠を越えようとすると、虎がまた現れた。右足を飲み込んで捨てた。もう手足もない母親が、ごろごろ転がって六番目の峠に至った時、また虎が現れた。

「虎さま、もうあげるものは何もないです。ただただ、命だけは助けてください。小さな子どもが待っていますから」と頼んだが、虎は母親の切ない願いも聞かずに、母親を一気に呑み込んでしまった。そしてそれだけでは満足せず、今度は家にいる子どもたちも食べたくなった。それで母親が着ていた服を着て、幼い子どもたちの待つ家を捜して行った。

今か、いまかと目を凝らして、目が抜けてしまうほど、母親を待っていた幼い三兄妹は、この時、戸の外から「子どもたち、戸を開けなさい。お腹が空いたでしょう」という虎の声がしたので、走っていって戸を開けようとした。

しかし一番上の兄さんが、「ちょっと静かに。どうしても、お母さんの声とは違うよ」といって戸を開けなかった。そして戸の中から「僕たちのお母さんの声は、今の声よりもっときれいだよ。どうしたって、お母さんの声とは違うよ」といった。虎は、「いいや、お母さんは畑で鳥を追って、声が枯れたからこうなったんだよ」といった。

虎は、嘘をついたが、兄さんは、相変わらず戸を開かなかった。そうすると虎は歯ぎしりをして、「おい、今に見てろ、こいつら」といって町に下りて、胡麻油を盗んで舐めると、きれいな声が出るようになったので、また子どもたちのところに来た。

「子どもたち、お母さんが帰ってきたよ」

子どもたちは大喜びして戸を開けようとした。しかし兄さんは、母親の言葉を思い出して、すぐに戸を開けないようにした。

「声はお母さんの声だけれど、今度は……」と考えて、上のお兄さんは、「戸の隙間から手を入れて見せてよ」といった。

あわてんぼうの虎は、いろいろ考える間もなしに手をすぽっと突き出して入れた。

その手を見た子どもたちは、眼をパチパチして驚いた。「うわ、これはうちのお母さんの手じゃないよ」と戸を開けなかった。虎は怒って帰り、手に生えている毛を必死で剃って、母親の手のようにしてまた来た。

子どもたちは、今度は声も同じ、手も母親の手と同じなので、戸は開いた。

ついに家の中に入った虎は、「お前たち、どんなにお腹が空いただろうね。さあ、大きい子どもは部屋の中に入っていなさい。すぐに食べ物を用意するね」といって、末っ子を連れて台所に入って行った。兄と妹は部屋の中で待っていたが、台所で骨を噛む音が聞こえた。

「母さん。何を食べているの」

「お金持ちから煎り豆をもらって来たので、食べているんだよ」

「母さん、僕にも煎った豆をちょっとだけでいいから、ちょうだい」とせがんだ。すると虎は、末っ子の指一本を部屋の中に投げ入れた。

これを見た兄妹は、やっと虎にだまされたことが分かった。どうにかして逃げなくてはならない、そのままでは二人とも虎の餌食になってしまうと思った兄と妹は、しばらくの間何とかしなくてはと考えていたが、お兄さんがいった。

「母さん、便所に行きたい」

「部屋の隅でしなさい」

「嫌だよ、臭いがするから嫌だよ」

「それだったら、板の間にしなさい」

「嫌だよ、板の間でも臭いが染みつくから嫌だよ」

「それでは土間にしなさい」

「嫌だよ。土間にすれば濡れて踏めないじゃないですか」

虎は、どうしようもなくて、「それでは便所でしなさい」といって、部屋の戸を開けてやった。

兄妹は庭でおしっこをして、すぐに井戸端の西にある高い木の上って、じっと息を殺していた。

今か、いまかと待っていた虎は、どんなに待っていても帰ってこないので、目をむいて庭に出た。そして便所を見たが子どもたちは見あたらず、虎は歯ぎしりをして悔しがった。

「ウーム、あいつらめ。逃げ出すなんて。ようし、覚えていろ」

そういって回りのようすをうかがった。そうこうするうちに庭の真ん中にある井戸に気がついて、その中に隠れているなと言って、覗き込んだ。

井戸には、木の上の兄と妹の影が映っていた。虎はそうとも知らずに、兄と妹が井戸の中にいると思って、「こいつらを、笊で引き上げようか、木鉢で汲み出そうか」と考えて、「笊で引き上げようか、木鉢で汲み出そうか」といった。

それまで木の上にいた妹が、そのような虎の姿を見て、あまりにおかしいのできゃっきゃっと笑った。するとこの声を聞いた虎は、木の上を見上げた。虎は兄妹を見つけて、心の中では子ども達をけしからんと思ったが、表面では平気な振りをし、優しい言葉で、「子どもたち。いつの間にお前たちは木に上ったのかい」といった。そうして虎も木に上ろうとした。しかし木に上ろうとしても一足ごとによたよたよた滑った。二足よたよたと滑って転び、三足よたよたと上って、三足よたよた滑った。

それで滑った虎は、木の上にいる兄妹に向かって、「お前たち。お前たちはよく上れたね。どのようにすれば私も上がれるかな」と聞いた。

すると兄さんはすぐに、「前の家に行って、荏胡麻油をもらって、足に塗って上ったらどうだい」と返事をした。虎は言うとおりに前の家に行って、荏胡麻油をもらって足に塗りつけ上ろうとしたが、かえって滑りやすくなってなおいっそう上れなかった。

失敗した虎は「こいつらめ。お前たちを逃がすものか」と心の中では歯ぎしりしたが、わざと優しい声をこしらえて「子どもたち、すぐにそこに行くよ。どのようにすれば上ることができるんだい」と聞いた。

すると妹が、あれやこれや考えて「後ろの家に行って手斧を借りて、前の家に行って斧をもらってきて、木に突き刺してそれを踏んで上ればいい」といった。虎はすぐに後ろの家に行って、手斧を借り、前の家に行って斧をもらってきて、木に手斧を打ち付けて上り始めた。それからチラチラ見え隠れする木の上の兄妹のところに近づいていった。

兄妹は、もっと高い上の方に上っていった。すると虎も追いかけてきた。兄妹は、もうこれ以上、上にのぼれずに二つの手を合わせて祈った。

「神さま、私たちを生かすつもりでしたら、新しい縄を下ろして下さい。私たちを殺すつもりでしたら、腐った縄を下ろして下さい」

すると、天から新しい縄が下りてきた。兄妹は、その縄につかまって天に昇っていった。それを見ていた虎は、がんばって木のテッペンまで上っていったが、間に合わずとても悔しがった。それで兄妹のまねをして、天の神さまに二つの手を合わせて祈った。

「神さま、私は、あいつらをぜひ捕って食わなければなりません。私を空に上らせようとお思いになるのでしたら、新しい縄を下ろしてください。もし私を上らせないようにとお思いでしたら、腐った縄を下ろしてください」

すると縄が下りてきた。虎は喜んでこの縄にぶら下がって天へ昇っていった。ところがその縄は腐っていたので、いくらも上らないうちに切れてしまった。そして、虎はちょうどトウモロコシ畑に落ちた。体は裂け、四方に血が広がった。それで今もトウモロコシの先に赤いものがあるだろう。虎の血がついているせいなのだ。

一方、天に昇った兄妹は、神さまの命令でお兄さんはお日さまになり、妹はお月さまになったということだ。

（一九六〇年に慶尚北道慶金泉で、林鳳順〔五十歳〕から崔仁鶴が聞く）

【解説】

主人公が、おそろしい怪物や魔物に追われて逃げる場面が語りの山場になるタイプの話を「逃竄譚《とうざんたん》」または「逃走譚」といいます。この話は、韓国人なら誰でも幼い頃に一度は聞かされたことがあるはずの代表的な逃竄譚の一つです。

虎が登場して母を食べ、さらに末子を食べる。兄妹が天に上る。虎も天に上ろうとするが失敗する。天に上った兄妹はそれぞれ太陽と月になる、という話の主要構造は多くの話で一致していますが、細部の語りにはさまざまの変化があります。

日本でも、「天道さん金の鎖《かねんつな》」として、よく知られた語りです。日本の場合は、虎のかわりに山姥が登場するする話が多く、子どもたちを追う山姥が天に上る途中に綱が切れ、ソバの畑に落ちたので、ソバの茎は今でも赤いと説くのが一般です。

この話は、中国でも「老虎外婆（外婆・母方のおばあさんの話）」の話として、よく知られていますが、より広い国際比較の立場からは、フランスに伝わる「赤ずきん」の類話に「お婆さんを食べてしまった恐い狼から主人公の赤ずきんが知恵を使って逃げのびる」ヴァージョンがありますし、グリムの「狼と七匹の子山羊」との関係も指摘されます。

5　虎より怖い串柿《コッカム》（KT50）

むかし、山の中に住む大きな虎が一匹、お腹をすかせてのそりのそりと食べ物を探しに村へ降りてきました。ちょうどその時、ある家から子どもの泣き声が聞こえてきました。虎は耳をそばだたせました。

「よし、あの子を食べてやろう」虎は、子どもの家の近くに来ました。そしてボンチャン（壁に小さな穴をあけて紙を貼った窓）に体をぴたりとくっつけて部屋の中のようすを窺うと、子どもはまだ泣くのをやめないでいました。

このとき、子どものお母さんが、「ほら、虎が来たよ」と窓を指さして言いましたが、子どもは相変わらず泣いていました。お母さんが、あれこれ子どもをなだめようとしましたが、子どもはますます大声で泣きました。「それ、串柿《コッカム》だよ」と、お母さんは最後に串柿を出してきました。すると、子どもはぴたりと泣きやみました。外で聞いていた虎は、「なんだと、虎が来たと言っても怖がらなかったのに、串柿《コッカム》だと言ったら泣きやんだ。すると、串柿という奴はオレより力が強いらしい。これは一つ間違えたらオレがひどい目に遭いそうだ。虎は子どもをあきらめて、牛小屋へ行って子牛でもいたらそれを食おう」と思って、その家の牛小屋へのそりのそりと入り込みました。

　ちょうどその時、牛小屋には牛を盗みに来た泥棒がいました。真っ暗で何も見えない泥棒は、両手を振り回して牛が繋がれているところを探している間に、虎の背中に触りました。「よし、こいつだな。さあ、主人に知れないように連れて行こう」と虎を牛と思って外へ引いて出ました。そしてぴょんと背中に飛びのりました。一方、子牛でも食べようと思って牛小屋に入った虎は、いきなりだれかが自分の背中に触り、一息に外へ引っ張り出して背中に乗ったので、びっくり仰天しました。恐ろしくなった虎は、「アイゴー、これは串柿に違いない。串柿でなかったら、どこのどいつがオレに飛びかかるというんだ。」と考えると「大変なことになったどうしても背中に乗った串柿という恐ろしい奴を振り落とさないとだめだ」と思った虎は「足よ助けてくれ（三十六計逃げるにしかず）」と山の中に向かって矢のように走り出しました。

　牛泥棒は、虎がいきなり速力をあげて走り出したので、虎の背中から振り落とされないようにさらにぴったりとくっつきました。そこで虎は「いや、こいつときたら、駆ければ駆けるほどぴったりとくっついて来る、ひどく恐ろしい奴だ」とさらに力

民画に描かれた虎

一杯駆け出しました。

そうこうするうちに夜が明け、明るくなりました。牛泥棒が我に返って見ると、自分が乗っているのは牛ではなく大きな虎でした。「これは大変だ。まかり間違えば虎の餌食になってしまう」牛泥棒は、何とかして虎の背中から飛び降りようと考えました。ところが、虎があまり速く走っているので、飛び降りることができませんでした。そこで大きな古木《こぼく》の下を通り過ぎるとき、頭の上の枝を両手で素早くわしづかみにしてぶら下がりました。虎は矢のように抜け出して、どこかへ消えてしまいました。

しばらく走った虎は、やっと安心したように尻尾をぱさぱさと振り、地面にどすんと坐り込みました。この時、森の中から一頭の熊があらわれました。「おや、お前さんはこんな朝っぱらから何をして、汗まみれになって息をはずませているんだね」「熊さんかい。訳《わけ》もなんの。串柿という奴に出会ったことを考えると身の毛がよだつよ」「なんだって、串柿だと」「お前さんはまだ串柿を知らないんだな。いずれにせよ串柿にかなう奴はいない」

虎の話を聞いた熊は、だんだん好奇心が沸いてきました。自分も初めて聞くことなので、もっと詳しい話が知りたくなりました。そこで、もっと詳しく話すようにせがみました。虎は今までのことを初めから順々に説明しました。すると、熊はゲラゲラ笑って「バカみたいな話だな。それは串柿ではなく牛泥棒だよ。さあ、行って食ってしまおう」

けれど虎は懲りていたので二の足を踏みました。

熊は先だって古木の所へ行きました。古木はとても古かったので空洞ができていて、牛泥棒はその空洞の中に身をひそめていました。熊は木の上に上りました。そしてその空洞の中を覗いて見ると、人間が一番下にうずくまってブルブル震えていました。

「オイ、虎や、お前さんは下で木を押し倒せ」と熊が言いました。虎が熊の言うとおり根元を掘って噛じったところ、木はあらかた倒れてしまいました。熊は人間が逃げられないように空洞の穴をぴたっと塞いで坐っていました。牛泥棒は「アイゴー、これでは間違いなく死んでしまう」と言って思わず上を見上げたところ、熊の両足の間に何やらだらりとたれているものがありました。

「うん、そうだ。いい方法がある」

牛泥棒は帯をほどいて輪を作り、そのぶらさがっているものをぎゅっと縛り付けておいて、力一杯引っ張りました。「アイゴー、死ぬ」熊はあまりの痛さに一声叫んでどしんと倒れてしまいました。

このようすをみた虎は「そらみろ、お前もしょうがない」と叫ぶとまた駆け出しました。古木の空洞から出てきた牛泥棒は、ああ助かったと熊の皮を剥ぎ、肉は火を焚いて焼いて食べました。一方、しばらく走って疲れた虎がこっそり振り返って見ると、串柿という奴は見えず、人間が熊の肉を焼いて食べていました。一晩中走り回っていた虎は疲れるだけ疲れ、お腹が空いていたので、よだれをたらしながらのそりのそりと人間の前に近づきました。

「その肉をひとかけらオレにくれないか」と虎が話しかけると牛泥棒は「いいだろう。それでは自分が投げてやるから地面に落ちる前に一息に飲み込め」と言って、火に焼けて真っ赤になった石をひゅっと投げてやりました。どうしようもなくお腹がすいていた虎は、考える暇もなく、それを素早く受けて呑み込みました。火の塊のように熱く焼けた石は、虎の腹の中へ入ってぶすぶすと内臓を焼きました。そして、とうとう虎は死んでしまいました。

（一九七五年に、任晳宰が記録）

【解説】

「泥棒と虎」として、世界的によく知られた話ですが、最も古い記録は『パンチャタントラ』第五巻十一の「臆病な羅刹《らせつ》」です。羅刹はヒンドゥー教から仏教にとりれられた鬼神の総称で、この物語では王宮に忍び込んで王女を奪おうとして失敗します。

朝鮮王朝宣祖朝に柳夢寅が編纂した『於于野談』にも「聞慶縣有勝」というよく似た話が記録されています。

インド、モンゴル、中国、韓国、日本など東アジアを中心に分布し、韓国でも日本でも、ほぼ全国で語られ、たいへん人気があります。

日本の話では、忍び込んだ泥棒や狼が、老夫婦の語る「古屋のむる（古い家の雨漏り）」を怪物と勘違いして、恐ろしさにおびえて逃げてしまいますが、まれには虎が主人公となり「虎が恐ろしさのあまり海を越えて韓国に渡ったので、それ以後は日本には虎がいなくなった」というエピソードをもつ話が語られることもあります。

韓国のこの話で虎に怖れられる「串柿《コッカム》」というのは、干し柿のことで、一本の串に幾つもの柿をさして干すところから生まれた名称です。日本でもよく知られた「串柿（干し柿）」は、秋から冬にかけての韓国の代表的なおやつです。

6　虎の報恩―明堂教示型―（ＫＴ１２２）

むかし、ある若者が山に木を取りに行った。木を取ろうとすると、草叢《くさむら》から大きな虎が現れた。若者は驚いて、体が震えた。虎は口を大きく開けて近づいてきた。

木こりは「これでおしまいだ」と思って、目の前が真っ暗になった。けれども、勇気を奮い起こして、「私を食べるのなら、ためらわずに、飛びかかれ」といった。

ところが不思議なことに、虎は飛びかかってこないで、ただ口を大きく開けて頭を左右に振るだけだった。不思議なこともあるものだと、木こりはもう一度勇気を出して虎のそばによってよくよく見た。すると虎の喉にとっても大きな骨が引っかかっていた。

「ああ、お前は、この骨を引き抜いてくれと言うんだね」といって、若者は手を伸ばして喉の骨を引き抜いた。

するとと虎は若者の服をくわえて、引っ張っていった。そして足で大きな四角の線を引くと、そのまま森の中に消えていった。

若者は、その場所に死んだ父親のお墓を移した。すると若者は、だんだん一家が栄えて、出世して、子孫から有名な将軍が誕生したということだよ。

今の公州のブㇺゼ市の近くのムゾンコㇽというところが、そうだという。

（一九七三年に忠清南道青陽で、李斗衡〔六十六歳〕から崔仁鶴が聞く）


【解説】


虎が、喉にささった骨を抜いてもらったお礼に、一族のよい墓の場所を教える話です。

韓国の墓は、たいがい水はけがよく、日当たりのよい山の中腹にあります。風水師の選んだ、よい場所によい墓を作ると、墓に眠る祖先が満足して子孫に繁栄を齎すという信仰があるので、できるかぎり良い場所を選ぶのです。こういう良い墓地を「明堂」といいますが、これは虎に教えられた明堂に一族の墓を設け、そのために家が栄えたという話です。

7　虎の報恩―金現虎願型―（ＫＴ１２２）

むかし、ある山の中に、一人の若者が老母とたった二人で住んでいた。ある日、いつものように木を切っていると、どこからか異様な悲鳴が聞こえるので、その声を尋ねていってみると、大きな虎が一匹、口を大きく開いたまま苦しそうにうなっていた。そばへ寄ってみると、虎の喉に女の銀かんざしが刺さっていた。その虎は一人の女を食ったが、そのかんざしが喉に引っかかって苦悶しているのであった。若者はかわいそうに思ってそれを喉から取り出してやった。すると虎は幾度もお辞儀をして帰った。

それから若者の家の庭には、毎日大きな木が降ってきた。虎は若者への恩返しに、木を根こそぎ抜いてきて、木こりの若者の家に投げてくれるのであった。若者はそれからは、山へ入って苦労して木を切る必要はなくなった。

ある日のこと、虎は美しい娘を若者の家に投げ込んで逃げた。よく見ると娘は気絶しているので、若者の家では急いで重湯を飲ませたりしてようやく蘇生させた。娘の話によると、娘はソウルの金判書（大臣）の娘で、翌日は彼女の結婚式があるので、裏庭で髪の毛を洗っていたところを、突然虎が塀を飛び越えて入り、彼女を奪い去ったとのことだった。虎は若者がまだ独身であることを知り、同情して娘を連れて来たのだった。

娘と若者は、夫婦になった。この後、若者は礼儀として花嫁を連れて妻の家に行かなければならなかった。けれども山中に住む彼には妻の実家に持っていくべき食べ物が一つもなかった。それを聞いた虎は（むかしは虎が物を言った）、結婚式のある家や、祭祀を執り行う家などを襲って、その家の人たちを驚かせ、いろいろな餅やお菓子、蒸し豚などをさらって来たり、また牛小屋に入って、牛を盗んできた。それで若者夫婦は、牛や馬の背中にたくさんの贈り物を積んで、ソウルに向かって出発した。金判書の家では、死んだと思っていた娘が帰ってきたので、とても喜んだ。そこで若い夫婦は、老母とともにソウルに住むことにして、何年か経った。

ある時、ソウルの町に白昼、大きな虎が現れて人畜を殺傷し、それが幾日も続くのでソウルの町はほとんど修羅場になり、人々は大騒動となった。王は弓の名手や有名な鉄砲打ちに命じて虎を射殺しようとしたが、虎は神出鬼没でけっして矢にも銃にも当たらなかったので、王は全国土に命じて「誰でもこの虎を殺した者には千両の賞金を与え、万戸の侯に封ずる」といった。

その夜のこと、虎はまた若者の家にやってきて、若者にむかい「私はもう死ぬ年になりました。どうせ死ぬなら最後の恩返しとして、あなたになにか手柄を立ててもらおうと思って、御承知の通りの乱暴を毎日しているのです。しかし如何なる弓の名人や鉄砲の名人が私を射殺しようとしても無駄なことです。彼らの弓や鉄砲にあたるような私ではありません。明日もまた私がソウルの町に現れて暴れますから、あなたはどんな鉄砲でもかまわない、それで私を撃って下さい。ねらいなど定める必要はありません。いいかげんに撃って下さい。そしたら私はきっと斃《たお》れてしまいます」と言った。

若者は、翌日、「私が虎を見事に射止めてご覧にいれましょう」と王の前に願い出た。王はたいへん喜んだが、安心はできなかった。やがて例の虎がまた暴れ出したので、若者は狙いもろくに定めずに鉄砲を撃った。けれども見事に命中して、虎は倒れた。それで約束のとおり、若者は万戸の侯に封ぜられ、千両の賞をいただいたので、老母といっしょにおいしい食べ物を食べながら、幸福に暮らしたという。　（一九二七年七月三十一日に慶尚南道の馬山で、明周永から孫晋泰が聞く）

【解説】

これは、すでに十三世紀に一然（一二〇六〜一二八九）が著した韓国の古典中の古典『三国遺事』に収められた金現の故事に見られる逸話です。金現は新羅の元聖王（七八五〜七九八）の時代の人とされ、虎と結ばれながら、その虎の言葉に従って虎の命を奪い、出世します。

ここに紹介した話は、孫晋泰が一九二七年七月三十一日に慶尚南道の馬山で、友人の明周永から聞き、『朝鮮民譚集』（一九三〇）に収めた話で、虎と主人公の「異類婚姻」のモチーフは見られず、虎が恩に報いるためにソウルの高官（判書）の娘を主人公に授けるかたちになっていますが、一然が残した「金現説話」が形をかえながら、朝鮮王朝の両班たちの間で世間話（野談）として長く伝えられてきた痕跡をよく留めるものであると思われます。

8　仁旺山《イナンサン》の虎（KT378）

むかし、都、長安（いまのソウル）ではトラが出て、日が暮れると人びとは門の外へ出られなかったが、その虎は仁旺山《イナンサン》から降りてきたとのことであった。国では苦心のすえに、この虎を退治する人を探すことにしたところ、ある郡守が、自分から虎退治をかって出たそうだ。

その郡守は自分の部下に命じて「あの仁旺山の中腹ぐらいまで登ると大岩があって、その上で年老いた僧侶が寝ているはずだから、そいつに『坊さん』と呼びかけて、目を覚ましたらこれを見せ『おまえを呼んでこいとのことでやってきたのだ』と言え」と言いつけた。そうして、なにか文字の書いてある紙切れを渡したそうだ。部下は命令に背くこともできず、こわごわ出かけたが、どうしたわけかその晩は虎が現れなかった。

部下が仁旺山へいってみると、僧侶がごろりとあおむけになって寝ていた。それで、言いつけられたとおりにして、あの紙切れを渡すと、ぶるぶる震えながらついてきた。

郡守の前に連れてこられた老僧を見た郡守は、おまえがすぐにも子どもらを引き連れて、鴨緑江を渡って向こう側へいかなければ、みな殺しにしてしまうぞ、と大声でどなりつけた。僧侶は「生まれたばかりの子どもらがいますので、少しだけ延ばしてくださいませ」と頼んだが、郡守はすぐさま連れてゆけと大声で命令した。そうすると僧侶は「かしこまりました」と答えた。

集まっていた野次馬がこのようすを見て、虎に変わってみろとはやすと、郡守が「おまえの本来の姿に変わって見せよ」と命じた。それで僧侶が三度お辞儀をすると、家ほどもある大虎に変わったそうだ。野次馬たちはぶるぶる震えだし、郡守は「いま一度、人間に変われ」と命じたのでまた人間になり、その夜、鴨緑江へ虎の群れをひきいて出発したそうだ。

それで、いま虎はいないが、少し残っているのは、そのとき生まれたばかりだった小虎なのだそうだ。（一九五六年七月二十九日に慶尚北道安東郡河回面で、権氏〔六十八歳〕から任東権が聞く）

【解説】

これは、優れた民話研究者である任東権が、一九五六年七月二十九日に慶尚北道安東郡河回面で、権氏の語り手（六十八歳）から聞いた話ですが、実は朝鮮王朝の知識人・成俔（一四三九～一五〇四）が著した『慵斎叢話』に見える「姜邯賛と虎」と同断の逸話です。成俔の話の主人公・姜邯賛（九四八～一〇三七）は高麗時代の英雄で、暗行御使の朴文秀と同じく民衆の間で人気の高いヒーローです。

あとがき

本書は、崔仁鶴・厳鎔姫編著『옛날이야기꾸러미（昔話集成）』（二〇〇三年五月ソウル　集文堂刊）に収められた昔話を中心に、私たちの日常世界の外側に住み、私たちを脅かす、鬼神やトッケビのような韓国の妖怪や、蛇、狐、龍、ムカデのような変化する不思議な力を備えた魔物にまつわる代表的な話を紹介した昔話集です。

大部分の話に添えたＫＴという番号は、崔仁鶴が日本留学中に関敬吾と出会い、関の『日本昔話集成』とアアルネ・トンプソンの『昔話の話型カタログ』を参考にして当時知ることのできた韓国昔話のすべてを動物昔話・本格昔話・笑話・形式譚等の国際的に共通した話型分類に従って整理した『韓国昔話の研究』に付された韓国話型番号（Korean Type）を示しています。その後、崔仁鶴は厳鎔姫とともにこのカタログを増補し、各話型ごとに類話をそえて『옛날이야기꾸러미（昔話集成）』（二〇〇三年五月）を刊行しました。このカタログは、フランスのドラリュ＝トゥネーズの『フランス昔話話型カタログ』と並ぶ、見事な業績です。

なお、この『옛날이야기꾸러미』は、『韓国昔話集成・全八巻』として悠書館から翻訳刊行されています。

主要参考文献参考文献

『韓国昔話集成・全八巻』崔仁鶴・厳鎔姫編著、鄭裕江ほか訳・悠書館、二〇一三〜二〇二〇
『韓国昔話の研究』崔仁鶴著、弘文堂、一九七六
『朝鮮昔話百選』崔仁鶴編著、日本放送出版協会、一九七四
『韓国の昔話』崔仁鶴編著、三弥井書店、一九八〇
『温突夜話』鄭寅燮編著、日本書院、一九二七（三弥井書店、一九八三）
『朝鮮民譚集』孫晋泰編著、郷土研究社、一九三〇（勉誠社、二〇〇九、増尾伸一郎解説）
『韓国の民譚』任東権編著、ソウル、瑞文堂、一九七二（『韓国の民話』熊谷治訳、雄山閣、一九九五）
『朝鮮の民俗』任東権著、岩崎美術社、一九六九
『済州島の民話』玄容駿編著、大日本絵画、一九七八
『韓国の民間信仰』張寿根著、金花舎、一九七四
『傭斎叢話』成俔著・梅山秀幸訳、作品社、二〇一三
『三国遺事・上下』林英樹訳、三一書房、一九七五〜七六
『ガイドブック・世界の民話』日本民話の会編、講談社、一九八八
『ガイドブック・日本の民話』日本民話の会編、講談社、一九九一

【編著訳者略歴】

崔仁鶴（チェ・インハク）
1934年慶尚北道金泉市生まれ、幼い頃から昔話を聞いて育った。明知大学卒業後、慶熙大学碩士過程を経て、東京教育大学に留学。1974年に『韓国昔話百選』（日本放送出版協会）を刊行。1975年に文学博士号を授与され、1976年にその成果を『韓国昔話の研究』（弘文堂）として公表。帰国後は仁荷大学で教鞭をとるかたわら、1983年に比較民俗学会を設立、東アジアの学術交流に努める。『朝鮮伝説集』（日本放送出版協会・1977）、『韓国の昔話』（三弥井書店・1982）、『韓日昔話の比較研究』（弘文堂・1995）など多著書多数。特に“A Type Index of Korean Folktales”（明知大学出版部・1979）は昔話の国際比較研究には欠くことができない

樋口淳（ひぐち・あつし）
1968年に東京教育大学卒業後、ベルギー政府給費留学生としてルーヴァン大学に学び、1975年に帰国し専修大学に勤務。専修大学名誉教授。
著書に絵本『あかずきんちゃん』（ほるぷ出版・1992）、『民話の森の歩きかた』（春風社・2011）、『フランスをつくった王』（悠書館・2011）、『妖怪・神・異郷』（悠書館・2015）などがある。

鄭裕江（チョン・ユガン）
1971年鳥取県鳥取市青谷町に生まれる。翻訳家。
翻訳に、崔仁鶴・厳鎔姫編『韓国昔話集成・全八巻』（悠書館2013-2020）、孫晋泰著『朝鮮民族説話の研究』（風響社・2023）などがある。

民話の森叢書 4　**韓国民話の不思議な世界**　**鬼神・トッケビ・妖怪変化**

発行日　2023年6月1日　初版発行

編著　崔仁鶴　樋口淳
翻訳　鄭裕江

装丁・組版　戸坂晴子　牧ヶ野靖子
発行　民話の森
〒150-0047　東京都渋谷区神山町11-17-307
TEL 03-5790-9869 / 090-6037-4516
発売　株式会社国際文献社
〒162-0801　東京都新宿区山吹町358-5 アカデミーセンター
TEL 03-6824-9360
印刷・製本　株式会社国際文献社

　ISBN978-4-910603-19-3
定価はカバーに表示してあります